阿爾弗雷德・阿德勒 著
(Alfred Adler)
陳國興 譯

The Education of Children

阿德勒
兒童教育諮商室
找回低落的價值感

學習遲緩、行為退化、暴力傾向、社交障礙？
自卑是成長的原動力，個體透過「補償作用」追求內心平衡

- 走入兒童的內心世界，理解成長背後的心理需求
- 打破傳統教育觀點，為孩子創造健康穩定的環境
- 引導父母與教育者共同成長，建立和諧親子互動

樂律

為了在手足中求生存，為了贏得大人的喜愛，
兒童與自卑感搏鬥，證明自己不該被忽視和遺忘！

目 錄

第一章　導言

- 010　了解兒童：關注和引導兒童的前提
- 014　自卑感：不容忽視的心理天性
- 017　社會情感需求：兒童發展的晴雨表
- 023　三個基本問題：最能表現兒童的真實自我

第二章　人格的統一性

- 028　兒童人格統一性的發展：解讀兒童行為的前提
- 032　確立目標：
       兒童對情境的認知並不基於客觀事實
- 034　行為模式：兒童的行為由他的目標決定

第三章　追求優越感及其教育意義

- 040　追求優越感：兒童自卑心理的一種補償
- 047　保持心理平衡：過分追求優越感對兒童不利
- 052　學校的教育：矯正家庭教育的弊端

目錄

第四章　怎樣指引兒童朝著優越出發

060　社會情感：確定兒童優越感的正確方向

063　兒童追求優越的錯誤方式1：懶惰及其他

066　兒童追求優越的錯誤方式2：口吃

070　劣勢防禦機制：兒童會藉助不良行為獲得關注

第五章　兒童的自卑情結

074　自卑情結：兒童自卑感的惡性循環

077　語言暴力：負面的評價會剝奪孩子的信心

082　自卑感的表現：自卑外露及過度追求優越

085　自卑感的矯正：重點是不讓兒童喪失信心

第六章　如何避免兒童產生自卑情結

090　兒童對外在環境的評價：
　　　從兒童的角度看待他的處境

092　學習的能力：技能表現揭示兒童的自卑感

095　行為背後的意義：應重點關注的兒童行為問題

第七章　兒童的社會感情及其發展障礙

- 106　社會情感訴求：
　　　兒童都需要與他人建立的一種連繫

- 110　社會情感的重要性：直接影響語言和邏輯能力

- 114　社會情感的發展：受外在環境的影響

- 116　出生順序：家庭環境對孩子的影響

- 118　家中最後一個孩子的共性：
　　　么子性格的發展及障礙

- 120　家中第一個孩子的共性：
　　　長子性格的發展及障礙

第八章　兒童在家裡的地位：
　　　　不同情境下兒童的心理及其矯正

- 126　自動定位：影響兒童性格的家庭環境

- 129　行為問題：兒童行為和內心的背離

- 133　理想化的思維方式：
　　　兒童傾向於非黑即白地看待問題

目錄

第九章　新環境可以檢驗兒童的準備情況

136　新環境的影響：
　　　環境轉變是了解兒童性格的最佳時刻

139　微動作：關注兒童的「姿體」語言

141　對新環境的不適應：準備不足會引起自卑感

144　性別認知錯誤：錯誤認知給兒童帶來的傷害

148　特殊的家庭角色：養子女、繼子女和私生子女

第十章　兒童在學校的表現

152　入學準備：心理準備比學業成績更重要

156　智力測試：不能作為衡量兒童未來的標準

159　理想班級模式：在合作中競爭

161　遺傳和成績單：引導兒童正確看待分數

165　特殊的教學現象：留級、跳級、分班的問題

168　正確的教育方法：關注兒童的興趣和優勢

171　兒童教育諮商：將心理知識應用到兒童教育中

第十一章　外部環境對孩子的影響

- 176　家庭環境：直接影響兒童心理的發展
- 181　訓練兒童的合作能力：
　　　生活封閉會造成精神錯亂
- 183　偏見帶來的傷害：羞辱者和被羞辱者同樣受傷
- 186　來自親戚的誤傷：任何人不得干涉父母的教育
- 189　挑選讀物：幫助兒童選擇合適的讀物

第十二章　青春期和性教育

- 194　青春期：最能展現一個人的生活風格
- 198　青春期畫像：青春期孩子不良行為的成因
- 204　正確的性教育：
　　　合作、友好地幫孩子形成正確認知

第十三章　教育的錯誤

- 210　了解孩子的壓力：最重要的是教育而不是天賦
- 213　幫助孩子重建人格系統：
　　　用理解和包容對待行為退化的孩子

第十四章　對父母的教育

220　善意的合作：不武斷、不批評、不指責

225　正面管教：
　　　新的教育觀和教育方法需要教育者共同努力

附錄I　個體心理問卷
附錄II　具體個案分析

第一章
 # 導言

> 　　個體心理學著眼於人格的整體性研究，探討整體人格為尋求發展和表現所做的不懈努力。從這一觀點出發，科學知識就是源自實踐的智慧，不論是心理學家，還是父母、朋友或者自己，誰掌握了這些科學知識，誰就能夠立刻將其付諸實踐，用於指導人格的發展。

第一章　導言

了解兒童：關注和引導兒童的前提

從心理學的角度來看，成人的教育歸根結柢是一個清晰的自我認識以及理性的自我引導的過程。兒童的教育與成年人類似，但也存在一定差異：兒童尚在發育期，不夠成熟，因而給予指導顯得尤為重要。如果我們放任兒童按自身意願自由成長，所需過程會十分漫長。所以，成年人必須在兒童成長過程中給予關注並加以引導。

但是，我們面臨的最大困難就是對兒童的不了解。因為成年人能夠認識自己已屬不易，而要全面了解兒童並在此基礎上給予引導就更加困難。

個體心理學是針對兒童心理的專門研究，不僅是因為這個領域本身的重要性，還在於可透過了解兒童幫助人們了解成年人的性格特徵和行為方式。個體心理學的研究方法與其他心理學不同，它要求理論與實踐無縫對接。個體心理學著眼於人格的統一性研究，探討整體人格為尋求發展和表現所做的不懈努力。從這一觀點出發，個體心理學的科學知識就是源自實踐的智慧。不論是心理學家，還是父母、朋友或者自己，誰掌握了這些科學知識，誰就能夠立刻將其付諸實

踐，用於指導人格的發展。

個體心理學採用的這種研究方法，使其學說成為一個有機整體。個體心理學認為，個體行為是由人格的統一性驅動和引導的，因此個體心理學關於人的行為的論述都反映了這些行為之間的相互關係。簡而言之，就是個體行為反映了個體的心理活動。本章將向讀者呈現個體心理學的總體觀點，以後的各章則將詳細探討這裡提到的各種相關問題。

在人的成長過程中，一個根本的事實是心理上總是充滿著有活力的、有目的性的追求。孩子從出生就開始不斷地掙扎著成長，努力追求一種偉大、完美、卓越的目標，這是一個無意間形成的，伴隨終生的成長目標。這種目標或者說追求的形成，反映了人類特有的思維和想像能力。它會主宰著我們一生中的具體行為，甚至支配著我們的思想，因為我們的思想並不是客觀的，而是受制於我們的生活目標和生活方式。

人格的統一性內含在每個人的一生之中。每一個個體都代表了人格的整體性和統一性，同時這個個體又是其人格的統一性塑造而成的。也可以說，每個人既是一幅畫作，又是一名描畫自己的藝術家。不過，作為這樣的藝術家，他會犯錯，因為他對自己的靈魂與肉體的了解得不夠全面。他只是一個脆弱的、易犯錯的、不夠完美的人。

第一章　導言

　　值得注意的是，人格構成的完整性及其獨特的方式和目標並不是以客觀現實為基礎的，而是以一個人對客觀事實的看法為基礎的。這些看法絕不是事實本身。因此，人類雖然都生活在由同樣的事實構成的世界中，卻以各不相同的方式塑造自己。每個人都會依據自己對事物的看法來塑造自己，但他對事物的看法有些是正確的，有些是錯誤的。因此，我們需要持續對一個人在成長過程中可能出現的心理問題和障礙進行分析，尤其需要分析他在兒童時期的心理問題和障礙，因為這會影響他以後的人生軌跡。

　　下面以一個這方面的具體案例來說明：

　　這是一位52歲的女士，她總是沒完沒了地貶損年長於她的女性。她回想起自己的童年時，多次說到姐姐備受青睞，自己常被忽略的事情，這讓她產生了一種屈辱感和無價值感。

　　若透過個體心理學中「縱向」觀察的方法來分析這一案例，我們會發現，這位女士從童年到晚年，都有著同樣的心理機制與心理動力——她總擔心別人瞧不起自己；當看到別人更受歡迎，或者處於更有利地位時，就會心生怨氣。即便我們對這位女士的生活以及她的整體人格一無所知，也完全可以透過已有事實來彌補對她了解的空白。在這方面，心理學家與小說家類似，他必須以一條確定的主線來塑造人物形

象。為保證人格形象塑造的完整性，這條主線應該包括這個人的舉止動作、生活方式以及行為模式。一個優秀的心理學家能預測出這位女士在某些特定情境中的行為，也能清晰地描繪出她獨特的「生命主線」所附帶的人格特徵。

第一章 導言

自卑感：不容忽視的心理天性

另一個重要的心理學事實是，一個人的追求或有目的的活動是以自卑感為前提的。所有的兒童天生有一種自卑感，它可以激發他們的想像力，激勵他們努力改善個人處境來消除這種自卑感。個人處境的改善可以減弱自卑感，這種現象在心理學上被稱為心理補償。

自卑感和心理補償機制的重要性在於，它們會增加人們犯錯的可能性。自卑感在客觀上可能促進個體的完善，但也可能因為只是促使人們進行單純的心理調適，反而增加了個人與客觀現實之間的距離。又或者，一個人如果自卑感過重，他只能透過心理補償機制在心理上加以克服，卻無力在行為上進行改善。

在此，我們將那些在成長過程中清晰地展現出心理補償特徵的兒童，分為三類加以說明：生來體質虛弱或器官有缺陷的兒童，受到嚴厲管教或缺乏關愛的兒童，被溺愛的兒童。

這三類兒童分別代表了問題兒童的三種基本處境，透過對三種兒童的考察，我們可以更好地了解正常兒童的成長。

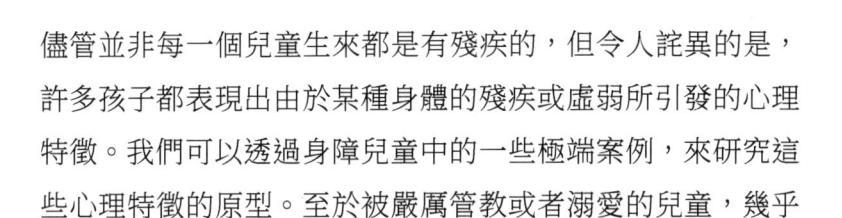

自卑感：不容忽視的心理天性

儘管並非每一個兒童生來都是有殘疾的，但令人詫異的是，許多孩子都表現出由於某種身體的殘疾或虛弱所引發的心理特徵。我們可以透過身障兒童中的一些極端案例，來研究這些心理特徵的原型。至於被嚴厲管教或者溺愛的兒童，幾乎所有孩子在不同程度上都可以被劃為其中一類，或者兩類兼而有之。

上述三種基本處境都會使兒童產生欠缺感和自卑感。作為回應，兒童會產生超越其自身潛力的雄心壯志。自卑感和追求優越感是人類生活中同一基本事實的兩面，兩者不可分割。在病理學上，很難說清楚過度的自卑和過分的要強哪一個傷害更大。兩者總是有節奏地依次出現。兒童會因過度的自卑而野心膨脹，從而產生一種永不滿足感，使自己永不安分。這種不安分不會引發有意義的行為，在不切實際的野心助長下，它不會產生好的結果。同時，這種野心還可能會導致個人性格和行為的扭曲，就像一個持續不斷的刺激物，使人變得過分敏感，時時提防外來的傷害或蔑視。

這類案例在《個體心理學雜誌》中隨處可見。這些人雖然長大成人，但其才智仍處於休眠狀態。他們會變得「神經兮兮」，或者偏執古怪。他們會在道德上和心理上變成自我主義者——只考慮自己，不考慮他人，如果發展到極端，他們甚至會走向犯罪。

第一章　導言

　　為了逃避現實，他們中的一些人會給自己建構一個新的世界。他們做著白日夢，沉溺於幻想世界，似乎那就是現實世界。最終，他們獲得了一種心理上的安寧。但實際上，他們只是透過虛構的現實，來實現現實與心靈的和解。

社會情感需求：兒童發展的晴雨表

　　心理學家和父母需要關注的是，所有兒童在成長過程中表現出來的社會情感的發展情況。社會情感在兒童心理的正常發展中起著決定性和指導性作用。對社會情感發展的任何干擾，都會嚴重危害兒童的心理成長。社會情感是兒童發展是否正常的晴雨表。

　　個體心理學就是圍繞培養孩子的社會情感而形成的教育方法。為了讓孩子為將來的生活做好準備，孩子的家長和教育者不應該讓孩子只和一個人建立密切連繫。

　　了解兒童社會情感發展情況的一個好方法，就是仔細觀察他入學時的表現。進入學校，兒童會遇到一生中最早、最嚴峻的考驗。對兒童來說，學校是一個全新的環境。兒童入學時的表現，可以反映出他們對適應新環境的準備是否充分，特別是對如何與人相處是否準備充分。

　　人們普遍不了解如何幫助孩子做好入學準備，這也是很多成年人在回首他們的學校時光時，往往會覺得是一場噩夢的主要原因。

第一章　導言

　　當然，如果學校教育得當，通常可以彌補兒童早期教育中的一些缺失。

　　理想的學校應當是家庭與現實世界之間的媒介，學校不僅是一個傳授書本知識的地方，還應該是傳授生活知識和生活藝術的場所。不過，在找到一所理想的學校來彌補家庭中兒童教育的缺陷之前，我們應該先關注家庭教育的弊端。

　　由於學校不是一個十全十美的環境，對於家庭教育的弊端，學校只能產生顯示器的作用。例如：如果父母事前沒有教會孩子如何與人相處，那麼，孩子在入學的時候可能會感到孤立無援，被人視為孤僻的孩子。這種偏見又會強化孩子的認知，使他們越來越孤僻，最終發展成為問題兒童。人們常把責任歸咎於學校，殊不知學校只不過是把孩子在家庭教育中潛在的缺陷顯現出來而已。

　　問題兒童能否在學校取得進步，在個體心理學領域中尚未定論。孩子一入學即遭受失敗，通常被認為是一個危險的訊號。這個跡象更多的是指孩子在心理上的挫折，而不是指在學習上的失敗。我們可以看到，孩子開始失去對自己的信心，氣餒情緒也不斷增加。他們會躲避有益的任何行動，轉而尋求成功的捷徑。他們不選擇社會所認可的大道，而是選擇自己的途徑──透過獲得某種優越感來彌補自身的失落感。對於那些遭受到挫折而喪失信心的孩子而言，最具吸引

社會情感需求：兒童發展的晴雨表

力的事情莫過於在最短時間內滿足心理上對成功的渴求。這些孩子透過無視社會規則、擺脫道德義務，甚至觸犯法律的行為來突顯自己的存在感和滿足自己的征服欲，這對他們而言無疑比遵循既定的社會道路更為容易。但是走上這樣道路的孩子，無論他們的外在表現是多麼勇敢和無畏，內心都是怯懦和軟弱的。

就像我們看到的那些犯罪分子，儘管表面上看起來魯莽而勇敢，心底卻很怯懦。同樣，當那些表面上天不怕地不怕的孩子們處於不太危險的環境時，我們也能從他們的各種細微動作中看到這種外強中乾的脆弱感。

比如：我們常常見到有些孩子在站立時習慣倚靠著某種東西（有些成年人也是如此），而不是挺直腰桿站著。這時，人們就會對孩子說：「把腰桿挺直！」可這種古老的訓練方法和理解方式常常治標不治本。實際上，對這些孩子來說，對物品的倚靠並不是一種行為上的需要，更重要的是渴求獲得幫助和支持的心理需要。我們可以透過獎懲的方式讓孩子消除這種軟弱的表現，但他們對於獲得支持的心理需求並沒有得到滿足。也就是說，這種問題的根源依然存在。一個好的教育者應該讀懂孩子的這些行為跡象，並能以同情和理解的心態去幫助孩子消除問題的根源。

通常，從孩子的某個單一的跡象中，我們便可推斷出他

第一章　導言

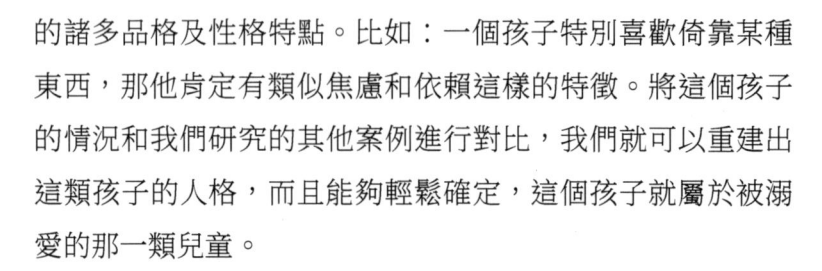

的諸多品格及性格特點。比如：一個孩子特別喜歡倚靠某種東西，那他肯定有類似焦慮和依賴這樣的特徵。將這個孩子的情況和我們研究的其他案例進行對比，我們就可以重建出這類孩子的人格，而且能夠輕鬆確定，這個孩子就屬於被溺愛的那一類兒童。

接下來，我們來討論另一類孩子的性格特徵，這類孩子在被嚴厲管教或在缺乏關愛的環境中成長。研究那些毫無人性、作惡多端的壞人的生平，我們可以發現他們都有這類孩子的性格特徵，只是這些性格特徵在他們身上被發展到極致。我們發現，這類人有一個顯著共同點，那就是他們都在童年時期遭受過虐待。他們的性格由此變得冷酷，充滿嫉妒和仇恨，見不得別人幸福。其實，這類嫉妒者不僅存在於惡人之中，在一些正常人中也很常見。當這類人有了孩子，他們就會認定孩子不應當比自己的童年更幸福。我們發現，這種父母不僅會把這種觀點用在自己孩子身上，在作為別人孩子的監護人時也會採用。

這也不能說明這類人的觀點和想法是惡意的，只是反映了那些在成長過程中受過粗暴對待的人的一種精神狀態。他們能信手拈來各種理由和格言，比如：「孩子不打不成器！」他們還會拿出無數證據和例子來證明自己，但是這些都不能使我們信服。僵硬的、蠻橫的教育只會使得孩子和教育者之

間的關係日益疏遠,肯定是無效的教育。

透過對各種不同的不健康症狀及其相互連繫的考察,再經過不斷的實踐,心理學家就可以建構出一個人的人格系統。憑藉這個系統,人們可以知道這個人隱藏的心理活動。雖然,我們所考察的每一點都反映了被調查者整個人格的某些方面,但只有當每一考察點都指向相同的症狀時,我們才能得出結論。所以,個體心理學既是一門藝術又是一門科學。

在探討個體心理時,最重要的是,我們不能把理論框架和概念系統都生搬硬套到某個被研究者身上。我們研究的重點是個體,這就要求我們不能只抓住某人的一兩個表現就得出意義深遠的結論,而應該盡可能尋找一切可以支持我們看法的證據。只有當我們能夠成功地印證最初的假設,比如在一個人行為的其他方面也能找到頑固和氣餒的跡象時,我們才可以確定地說:這個人的整個人格具有頑固、氣餒的特質。

在這裡,大家務必要記住,我們的研究對象並不理解自己的行為表現,因此他無法隱藏真實自我。我們是透過分析一個人的相關行為來認識他的人格特徵的,而不是透過他對自身的看法和想法總結出來的。當然,這並不是說研究對象故意向我們說謊,而是我們需要知道一個人有意識的思想和無意識的動機之間有著很大距離。跨越這種距離,需要一個

第一章　導言

公正且富有同情心的旁觀者。這個旁觀者無論是心理學家、父母還是老師，都應在客觀事實的基礎上來闡釋個體的人格。這些客觀事實展現了個體本人有可能也未曾意識到的、有目的的追求。

三個基本問題：
最能表現兒童的真實自我

　　個體對有關個體生活與社會生活的三個基本問題的態度，最能表現其真實自我。

　　第一個基本問題就是社會關係，我們曾在討論個人對現實的客觀看法和主觀看法之間的差異時提到過。在這之外，社會關係問題還會具體表現為一個任務，也就是結交朋友和與他人相處。個體如何處理這個問題呢？他的回答是什麼呢？如果一個人說交朋友和社交於他而言無關緊要，並認為用這種態度可以迴避社會關係的問題，那麼「無關緊要」就是他的回答。我們當然可以從他冷漠的態度得出關於他人格傾向及構成的論斷。值得注意的是，社會關係不僅局限於結交朋友和與他人相處，其他抽象特質諸如友誼、同事關係、誠信、忠誠等都囊括其內。對於社會關係問題的回答，囊括了這個人對上述所有抽象概念的認知。

　　第二個基本問題是關於個體打算如何度過一生──他想在社會分工中扮演什麼角色。如果說第一個問題是由超過自我的「你－我」關係所決定，那麼，第二個問題則是由「人－

第一章　導言

世界」的基本關係所決定的。如果把世界上所有人壓縮成一個人，這個人無疑會和世界產生緊密的連繫。他希望從世界中得到什麼呢？這個問題不是個人或單方面的問題，而是一個涉及個人和世界之間關係的問題。這種關係不是由個人的主觀意願決定的。職業成就的取得並不取決於我們的個人意願，而是取決於與客觀現實的關係。基於這個原因，個體對職業問題的回答及對待職業的方式對他人了解其人格及生活態度是有所幫助的。

第三個基本問題源於人類分為男女兩性這一事實，要解決這個問題也不能用主觀的辦法，需要根據兩性關係內在的客觀邏輯尋求方法。因此，如果把「如何和異性相處」看作是一個主觀的個體問題，這也是錯誤的。只有仔細分析所有與兩性關係相關的問題，我們才能找到正確的解決方法。顯然，不能正確處理愛情與婚姻的關係問題，展現了個體人格上的缺陷。因此，許多由於這個問題處理不好帶來的不良後果，都可以歸咎為更為基本的人格缺陷。

綜上所述，我們可以根據一個人對這三個問題（社會關係問題、職業問題和兩性問題）的回答，來判斷他大致的生活風格及獨特目標。生活目標很關鍵，它決定了一個人的生活風格，並反映在此人的行為上。所以，如果一個人的目標是合作進取的，目標向著生活中有建設性的一面，那麼，他

三個基本問題：最能表現兒童的真實自我

在日常解決問題的方法上會對這一目標有所展現——所有解決問題的辦法都具有建設性。在這種既有建設性又有意義的活動中，個體還會獲得一種幸福感，能感受到自己的能力與價值。相反，如果目標向著生活中消極的方面，個體會發現自己無力去解決這些基本問題，無法獲得將這些問題妥善解決時所產生的快樂。

這些基本問題之間存在密切的關聯。因為在社會生活中，這些基本問題會衍生出特定的任務，而這些任務只能在某種社會環境中，也就是在社會感情的基礎上才能圓滿完成。這也使得這些基本問題之間的連繫更為密切。實際上，這些特定的任務自兒童成長最早期便開始出現，如我們感知器官發育的看、聽和說能力與社會生活方面的刺激是一致的；我們是在與兄弟、姐妹、父母、親戚、熟人、朋友和老師的相處過程中不斷成長的。這些任務也會以相同的方式影響我們的一生，所以，如果個體脫離了與其同伴的社會接觸，他注定要失敗。

因此，個體心理學有充分的理由把有益於社會的事情視為「正確的」事情。每一次對社會標準的偏離都是對「正確之道」的偏離，並必然與現實的客觀規律及客觀必要性發生衝突。這種與客觀現實之間的衝突首先會給行為者帶來無價值感，會使受到侵害的人產生同樣甚至更強烈的報復。最後，

第一章　導言

值得注意的是，偏離社會標準的本質還違背了人們內心的社會理想，而社會中的所有人都有意識或無意識地懷有這種理想。

個體心理學極其強調把孩子對社會情感的態度看作其發展的指標，所以它可以很容易確定和評估孩子們的生活風格。這是因為孩子面對生活問題的表現，就像在考試中的表現一樣，可以反映出他是否準備充分。也就是說，他會展示出自己是否具有社會情感、面對困難的勇氣和解決困難的理解力，是否追求一個對社會普遍有益的目標。然後，我們就會發現他追求目標的方式與節奏，發現他的自卑程度和社會意識的發展強度。所有這些相互關聯、相互滲透，形成了一個有機的、不可分割的整體。這個有機體是不可分割的，直到我們發現它存在缺陷並且重建新的統一體。

第二章
人格的統一性

> 學校必須學會把兒童看作一個具有整體人格的個體,一塊尚待雕琢的璞玉。同時,學校必須學會運用心理學的知識對特定的行為進行評價和判斷。學校不應把特定的行為看作一個孤立的音符,而是要把它看作整個樂曲的組成部分,即整體人格的組成部分。

第二章　人格的統一性

兒童人格統一性的發展：
解讀兒童行為的前提

　　兒童的心理是一件非常奇妙的事情。無論我們接觸到哪一方面，它都會引人入勝，令人著迷。或許，最重要的事情就在於──要了解孩子的某一種特定行為，我們必須先了解這個孩子的全部生活。孩子的每一種行為，都展現了他的全部生活和整體人格，不了解這些行為的生活背景，就無從理解他們的這些行為。我們把這種現象稱為人格的統一性。

　　人格統一性的發展，就是把人的行為與表達協調成一個統一的模式。這種發展是從幼年階段就開始的：生活的要求迫使兒童協調和統一自己的反應，而他對不同情況的反應構成了自身的性格，還使他的行為具有個性化，從而有別於其他兒童。

　　人格的統一性受到眾多心理學派的普遍忽視，就算獲得一些關注，也沒有得到足夠重視。這就導致在心理學理論研究及精神病治療方法中，病人的一個特殊手勢或表情會被單獨挑出來做研究，彷彿它就是一個獨立的實體。這種做法如同脫離一首樂曲的其他音符，單獨抽取一個音符去理解一

兒童人格統一性的發展：解讀兒童行為的前提

樣。這種做法顯然是不妥當的，卻普遍存在。

個體心理學反對這一普遍謬論。如果這種做法在教育兒童的過程中得到應用，就會造成嚴重危害。這種行為模式在兒童懲罰的理論中展現得尤為突出。

如果孩子做錯了事，通常會發生什麼呢？

的確，人們會先考慮兒童的人格給他們留下的整體印象怎麼樣，但這種做法通常弊大於利。因為孩子如果多次犯同一個錯誤，教師或父母就會對他產生偏見，認為他是屢教不改；反之，如果這個孩子其他方面表現良好，整體印象還不錯，人們就不會因為這個錯誤而嚴厲地懲罰他。

顯然，在這兩種情況下，我們都沒有從總體上理解孩子人格的統一性，深入探究問題根源。這就像是在脫離整首樂曲的背景下，理解單獨抽取出來的某個音符一樣。

如果我們問一個孩子為什麼懶惰，不能期望從他身上得到我們想知道的根本原因；同樣，我們也不能期望孩子會告訴我們他為什麼撒謊。深諳人性的古希臘哲學家蘇格拉底，幾千年前曾說過：「了解自己是多麼困難啊！」因此，我們又有什麼理由要求一個孩子回答這麼複雜的問題呢？想要了解兒童某個行為中包含的意義，我們就要先認識他的整體人格。這並不是去描述孩子做了什麼或者他是如何做的，而是要了解他面對任務時所持有的態度。

第二章　人格的統一性

　　下面的例子將會說明了解兒童整體生活背景的重要性：

　　一個13歲的男孩有兩個妹妹，5歲之前，他是家裡唯一的孩子，周圍每一個人都樂於滿足他的任何要求。他的母親對他更是寵愛有加。他的父親是個溫厚、安靜的人，也很享受兒子的依賴。由於爸爸是軍官，經常不在家，兒子和母親更親近。母親是個聰明善良的女人，儘管兒子黏人又固執，但她會盡量去滿足他每一個心血來潮的要求。不過，當這個兒子經常任性或者表現出具有威脅性的行為，她也會非常生氣。母子關係也因此逐漸變得緊張。這種緊張狀態表現在男孩一直粗暴地對待母親——對她發號施令、捉弄她，隨時隨地盡他所能地惹人厭煩。

　　兒子的行為給母親帶來了極大的困擾，但是他本性不壞，她還是依從他的所作所為，依舊幫他收拾衣服，輔導功課。這個男孩總是相信，他的母親會幫他解決任何困難。他也是個聰明的孩子，和其他孩子一樣受到良好的教育，直到8歲的時候，他在小學的學業進展順利。

　　有了妹妹之後，他發生的重大變化讓他的父母難以忍受。他自暴自棄、毫不用心、拖延懶散。一旦她不滿足他的要求，他就扯她的頭髮，擰她的耳朵，掰她的手指，不讓她有片刻安生。他拒絕改正自己的行為，隨著妹妹的長大，他變得更加固執。妹妹很快就成為他捉弄的對象，雖然不至於傷害她，但他對她明顯心存嫉妒。他的轉變從妹妹出生那一天就開始了，因為從那時候開始妹妹成了家裡的關注焦點。

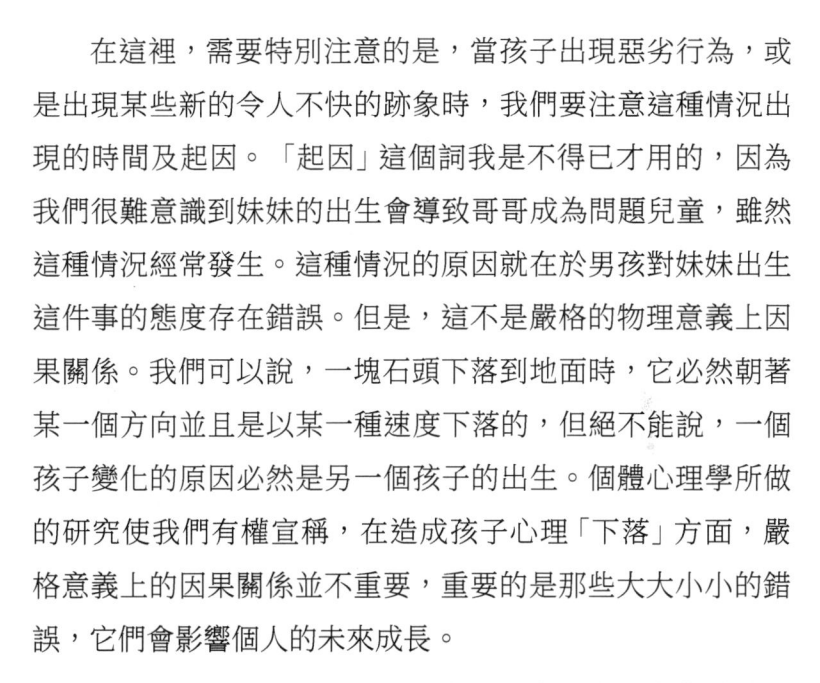

兒童人格統一性的發展：解讀兒童行為的前提

在這裡，需要特別注意的是，當孩子出現惡劣行為，或是出現某些新的令人不快的跡象時，我們要注意這種情況出現的時間及起因。「起因」這個詞我是不得已才用的，因為我們很難意識到妹妹的出生會導致哥哥成為問題兒童，雖然這種情況經常發生。這種情況的原因就在於男孩對妹妹出生這件事的態度存在錯誤。但是，這不是嚴格的物理意義上因果關係。我們可以說，一塊石頭下落到地面時，它必然朝著某一個方向並且是以某一種速度下落的，但絕不能說，一個孩子變化的原因必然是另一個孩子的出生。個體心理學所做的研究使我們有權宣稱，在造成孩子心理「下落」方面，嚴格意義上的因果關係並不重要，重要的是那些大大小小的錯誤，它們會影響個人的未來成長。

毫無疑問，在心理成長過程中，人會犯錯。這些錯誤和其引發的後果密切相關，會反映出個體某種失敗或錯誤的人生方向。問題的根源在於人需要設定心理目標，而這又涉及人的判斷，一旦涉及判斷，我們就有犯錯的可能。

第二章　人格的統一性

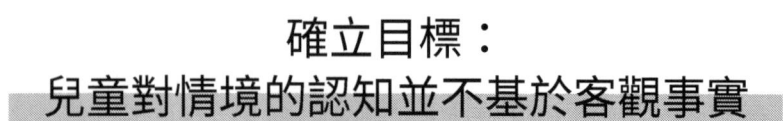

確立目標：
兒童對情境的認知並不基於客觀事實

確立目標從兒童成長的早期就開始了。通常情況下，2～3歲的兒童就會開始為自己確立能獲得優越感的目標。這一目標不斷指引著他，激勵著他以自己的方式努力追求。錯誤的目標通常基於錯誤的判斷。不過，目標一旦形成，它會在不同程度上對兒童形成制約作用。兒童會以實際行動落實目標，也會調整自身生活，盡全力追求和實現這個目標。

因此，兒童對事物個體化的理解決定他們的成長。對我們來說，了解這一點非常重要。同樣，我們還需要知道，當兒童陷入新的困境時，他的行為通常受限於自己已經形成的錯誤觀念。正如我們所知，客觀事實給兒童留下的印象，其深度及本質並不取決於事實本身（例如：另一個孩子的出生），而是他看待這一事實的態度及方式。這是反駁嚴格因果關係理論的充足根據：客觀事實及其絕對含義之間存在必然的連繫，但客觀事實和對其的誤解之間卻不存在這種必然的連繫。

確立目標：兒童對情境的認知並不基於客觀事實

人類心理最為奇妙之處在於，決定行動方向的不是事實本身而是我們對事實的看法。對客觀事實的看法既是決定著我們行動的方向，又是塑造人格的基礎。人的主觀看法影響行動的經典例子，就是凱撒登陸埃及時發生的小插曲。

他在躍上海岸時被絆了一下，摔倒在地上，羅馬士兵視這為不祥之兆。此時，要不是凱撒揮動手臂大聲喊出：「非洲，你是我的了！」這些英勇的士兵可能掉頭就返回了。

從這一例子中，我們可以看出，現實本身對人所起的作用微不足道，現實對人的影響受到個體結構化的、整合良好的人格的制約和決定。大眾心理和理性常識的關係也是如此，如果在一個對大眾心理有利的環境中出現了理性常識，這並不意味著環境本身決定了大眾心理或理性常識，而是展現了兩者對環境自發性的看法是一致的。通常，只有當錯誤的觀點受到批判時，理性常識才出現。

第二章　人格的統一性

行為模式：
兒童的行為由他的目標決定

讓我們再回到那個小男孩的故事吧。我們能想像到，小男孩會很快發現自己陷入困境——沒有人再喜歡他，他在學校也沒什麼長進，依然我行我素。不斷干擾別人，這就是他人格的完整展現。那麼，接下來會如何呢？在學校裡，每次騷擾別人，他就受到老師的懲罰。老師會把他的表現記錄在案，甚至給他父母寄投訴信。這種情況發展到最後，學校會建議他退學，理由是他不適應學校生活。

對於這個解決方法，小男孩是最喜歡的，沒有人比他更開心。他的行為模式的邏輯連貫性，再次從他的態度中展現出來。雖然這種態度是錯誤的，但一旦形成，就不易改變。他犯的根本錯誤就是，想成為萬眾矚目的焦點。如果他要因犯錯而受懲罰，那麼，他受懲罰的原因應該是這個根本錯誤。因為這個錯誤，他不斷地試圖讓母親圍著他轉；因為這個錯誤，他像個「小皇帝」，享受了8年的絕對權利，直到突然被剝奪了「王位」。

在沒有失去「王位」之前，他的母親只為他存在。妹妹出

行為模式：兒童的行為由他的目標決定

生後，他又犯了一個錯——拚命掙扎要奪回他的「王位」。但我們必須承認，這個錯誤無關本性優劣。只有當孩子毫無準備地面臨一種新的處境，在掙扎中也沒有得到任何人的指引時，這種惡劣的行為才顯露出來。比如：一個孩子只習慣大人把注意力完全放在他身上，突然面臨一個新情境：他開始上學，學校裡的老師會對所有的孩子一視同仁。此時，這個孩子要求得到比其他同學更多的關注，老師就會被惹惱。對一個習慣嬌寵，並非品性惡劣或無藥可救的孩子來說，這種處境非常危險。

這樣，我們就很容易理解和解釋，案例中的小男孩的個人生活方式和學校所要求的生活方式之間的衝突。如果用圖示來描述這種衝突，我們會發現兒童人格的目標和學校定下的目標，兩者方向是不一致的，甚至是相反的。兒童的目標決定他生命中發生的一切，他全身心地向著自己的目標努力，但學校期望每個孩子都有正常的生活方式。因此，兩者不可避免地產生衝突。不過，學校方面忽視了這種處境下的兒童心理，既沒有在管理上體諒和包容他，也沒有採取措施來消除衝突的根源。

這個男孩的行為受這樣一個動機的制約：他的母親只能關心他一個人。他的心裡有一個念頭：我要控制母親，我一定要獨占她。但學校老師卻要求他獨立學習，整理好自己的

第二章　人格的統一性

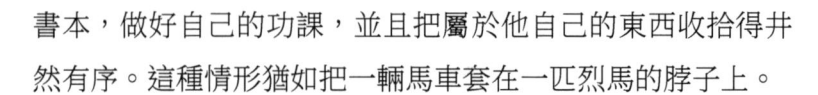

書本，做好自己的功課，並且把屬於他自己的東西收拾得井然有序。這種情形猶如把一輛馬車套在一匹烈馬的脖子上。

在這種情況下，兒童的表現自然不好。但如果我們了解他的真實處境，就會對他產生更多的同情和理解。在學校裡懲罰孩子是沒有用處的，因為這只會加劇他對學校的厭惡感。如果他被學校開除，就正合他意。他在錯誤的感知陷阱中覺得自己贏了——以為自己可以真正地控制母親，母親必須重新專門為他效勞。這正是他求之不得的。

如果明白了孩子的真實處境，我們就不得不承認，用各種錯誤懲罰他們是沒有用的。例如：孩子上學會忘了帶課本，因為他知道無論忘記什麼，母親都會為他操心，給予他關注。這不是孤立的行為，而是這個孩子整體人格的一部分。如果我們明白，一個人人格的各種表現密切相關，並且構成一個整體，我們就會明白，這個男孩的行為與其生活方式是一致的。孩子的行為與其生活方式保持一致這一事實同時也反駁了一種假設——孩子無法適應學校是因為他智力遲鈍。要知道，一個智力遲鈍的人是無法一直按照自己的生活方式行事的。

這一案例還告訴我們：在一定程度上，所有人和這個小男孩的處境相似。我們自己的計畫以及對生活的理解，從來沒有與既定的社會傳統完全保持和諧一致。以前，我們把社

行為模式：兒童的行為由他的目標決定

會傳統視為神聖不可侵犯的，現在我們已經意識到，人類社會的制度並沒有什麼神聖之處，也不是固定不變的。相反，它們都在發展變化的過程之中，而推動這一過程的動力就是人們在社會中的掙扎和努力。社會制度是為人而存在的，而不是相反。的確，個體的發展在於培養社會意識，但這並不是說，我們可以強迫個體接受千篇一律的社會模式。

對個體和社會關係的思考是個體心理學的理論基礎，同時，也對完善學校制度和改進學校對適應不良的兒童的態度具有特殊意義。學校必須學會把兒童看作一個具有整體人格的個體，一塊尚待雕琢的璞玉。同時，學校必須學會運用心理學的知識對特定的行為進行評價和判斷，不應把孩子的特定行為看作一個孤立的音符，而是要把它看作整個樂曲的組成部分，即整體人格的組成部分。

第二章　人格的統一性

第三章
追求優越感及其教育意義

> 　　追求優越感與自卑感是同一個心理現象的兩個方面。追求優越感與一些明顯的性格特徵有關。培養孩子成為勇敢、堅忍、自信的人，讓孩子了解面對失敗不能氣餒，要把挫折當作新的問題去解決，這才是更重要的。

第三章　追求優越感及其教育意義

追求優越感：
兒童自卑心理的一種補償

除人格整體性外，有關人性的另一個重要心理學事實就是人們對優越感和成功的追求。這種追求與人的自卑感直接相關。沒有自卑感，我們就會滿足於當下生活。追求優越感與自卑感是同一個心理現象的兩個方面，但為方便分析，我們將分別進行研究。本章我們將討論追求優越感及其教育意義。

首先，人們可能會問：追求優越感是與生俱來的嗎？我們的回答是：這個猜想不大可能成立。但我們必須承認，這種追求存在於胚胎中，具有一定的生物學基礎和發展的潛能。也可以說，人性和對優越感的追求是緊密相連的。

人類活動能力是有限的，有些能力是我們永遠開發不了的。例如：我們不可能擁有像狗一樣敏銳的嗅覺，我們的肉眼不可能看見紫外線。但是，我們的某些功能性能力是可以進一步得到開發的。我們可以從這些能力的發展中看到追求優越感的生物學上的根源以及個體人格心理發展的根源。

在任何情況下，兒童和成年人都有一種難以避免的追求

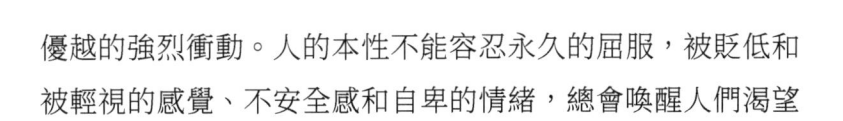

追求優越感：兒童自卑心理的一種補償

優越的強烈衝動。人的本性不能容忍永久的屈服，被貶低和被輕視的感覺、不安全感和自卑的情緒，總會喚醒人們渴望達到更高目標的願望，以此獲得補償和達到完美。

實踐表明，兒童的某些怪異特徵是由環境作用造成的。受某種環境的影響，孩子產生自卑、脆弱及不安全感，而這些感覺反過來又對孩子整體的心理狀況產生影響。於是，孩子決心擺脫這種狀況，努力達到更高的水準，以便獲取一種平等甚至更加優越的地位。孩子這種向上的渴望越強烈，就會將目標定得越高，以便證明自己的力量。但是，他的目標往往超出人的能力界限。由於兒童在幼兒時常常能得到各方的支持和幫助，這便刺激他將自己設想成一個和上帝一樣無所不能的人。我們發現，兒童本身也會被一種成為類似上帝這樣的人物的想法所控制，而這種情況一般發生在自我感覺特別脆弱的孩子身上。

在此，我們以一個心理問題特別嚴重的 14 歲男孩為例來進行分析：

他在回憶童年的時候說，他曾因為 6 歲時還不會吹口哨而感覺很痛苦，但有一天，他走出家門時竟然會吹口哨了。他非常震驚，並認為這是上帝附在他身上的結果。

這清晰地表明：人的脆弱感和想像自己是個上帝式的大人物之間有著密切的關聯。

第三章　追求優越感及其教育意義

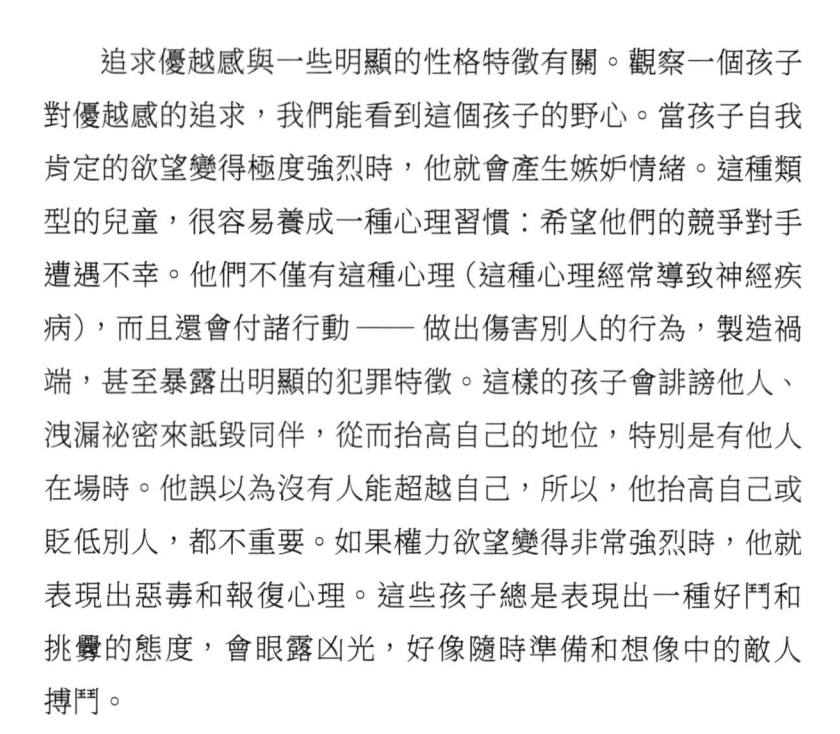

追求優越感與一些明顯的性格特徵有關。觀察一個孩子對優越感的追求，我們能看到這個孩子的野心。當孩子自我肯定的欲望變得極度強烈時，他就會產生嫉妒情緒。這種類型的兒童，很容易養成一種心理習慣：希望他們的競爭對手遭遇不幸。他們不僅有這種心理（這種心理經常導致神經疾病），而且還會付諸行動──做出傷害別人的行為，製造禍端，甚至暴露出明顯的犯罪特徵。這樣的孩子會誹謗他人、洩漏祕密來詆毀同伴，從而抬高自己的地位，特別是有他人在場時。他誤以為沒有人能超越自己，所以，他抬高自己或貶低別人，都不重要。如果權力欲望變得非常強烈時，他就表現出惡毒和報復心理。這些孩子總是表現出一種好鬥和挑釁的態度，會眼露凶光，好像隨時準備和想像中的敵人搏鬥。

對於這種過度追求優越感的孩子來說，參加考試是一件極其痛苦的事情，因為考試會輕易暴露他們的無價值。這個事實也表明，考試必須適應兒童的性格特點。因為它對每個孩子具有不同的意義。對有些孩子來說，考試太難了，考試的時候他們的臉色時而發紅，時而煞白，還會說話結巴，身體顫抖，又驚又怕，腦子變得一片空白。在回答問題時，有些孩子不能單獨回答，因為他們害怕別人看著他們。

兒童對優越感的渴望在遊戲中也能表現出來。例如：在

追求優越感：兒童自卑心理的一種補償

玩趕馬車的遊戲時，強烈追求優越感的孩子是不會扮演馬匹的。他總是想扮演車夫，做領導者或指揮者。要是扮演不了這個角色，他就會以擾亂別人的遊戲為樂。此外，如果他們接二連三地受挫，並因此喪失勇氣和信心，以後面對新的情況時，他就會畏縮不前。

那些有雄心大志、未受過挫折的兒童，喜愛各種競爭性遊戲。不過，在遭受挫折時，他們也會恐慌。我們可以從孩子喜歡的遊戲、故事和歷史人物當中，推斷出他自我肯定的方向及程度。

在成年人中，我們會發現很多人喜歡拿破崙。的確，對那些有雄心壯志的成年人來說，拿破崙是最適合崇拜的偶像。沉溺於妄自尊大的白日夢的人，通常有著強烈的自尊心，那些遭受失望打擊的人通常會在現實之外尋求精神上的滿足和寄託。

如果我們進一步考察兒童追求優越感的不同方向，可以劃分為不同的類型。當然，這種劃分不可能非常精確，因為兒童在追求優越感方面有很多差別，這主要由兒童的自信心大小決定。心理健康的兒童把對優越感的追求轉化為前進的動力，他們會試圖取悅老師，注重自身整潔，遵守秩序，最終發展成為正常的學生。但經驗告訴我們，這種情況只占少數。

第三章　追求優越感及其教育意義

　　還有一些兒童則總想要優於別人，把這作為首要目標，表現出一種令人難以相信的執著。他們的努力中夾雜著過大的雄心，但這點很容易被人忽視，因為我們習慣把它當作優點而鼓勵孩子繼續努力。這種做法通常是錯誤的，因為過大的雄心會給孩子造成緊張心理，阻礙孩子的正常成長。短時間內孩子還能承受住，時間一長就會不可避免地加劇。這樣一來，孩子在書本上花太多時間，就會影響到他的其他活動。在過分的雄心驅使下，這類孩子經常迴避其他難題，只想在功課上名列前茅。這樣的成長方式並不理想，因為在這種情況下，兒童身心得不到健康的發展。這類兒童把超越別人當作自己唯一的目標，甚至根據這個來安排自己的生活，這對他的健康成長沒有好處。這個時候，我們必須告訴他們不要在書本上花太多時間，要去室外呼吸新鮮空氣，要和夥伴一起玩耍，要關注功課之外的其他事情。這類孩子同樣不會占大多數，但這種情況經常出現。

　　除此之外，也會有一個班上兩個學生暗中較勁的情況。如果仔細觀察，我們會發現，這兩個相互較勁的孩子有時會形成讓人厭惡的特徵。他們會羨慕、嫉恨別人，而性格獨立、人格和諧的人是不會有這種特徵的。他們看到別人取得成功就會感到惱怒，當其他孩子處於優越位置時，他們的神經性頭痛、胃痛等毛病就開始發作；當其他孩子受到讚揚時，

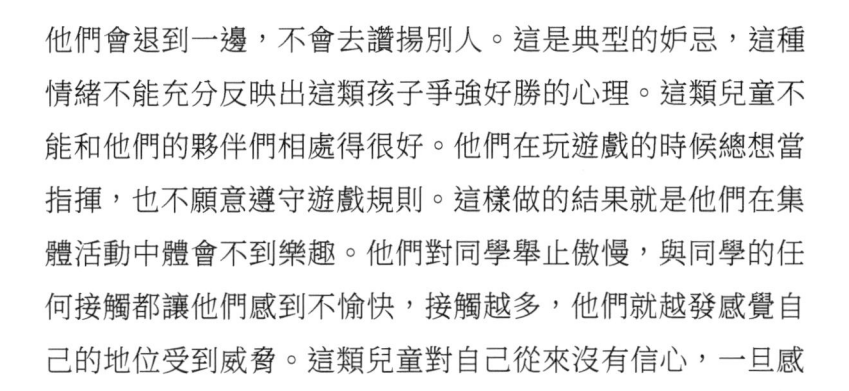

他們會退到一邊，不會去讚揚別人。這是典型的妒忌，這種情緒不能充分反映出這類孩子爭強好勝的心理。這類兒童不能和他們的夥伴們相處得很好。他們在玩遊戲的時候總想當指揮，也不願意遵守遊戲規則。這樣做的結果就是他們在集體活動中體會不到樂趣。他們對同學舉止傲慢，與同學的任何接觸都讓他們感到不愉快，接觸越多，他們就越發感覺自己的地位受到威脅。這類兒童對自己從來沒有信心，一旦感覺自己的處境不安全，就會方寸大亂，不知所措。他們背負著他人的期望以及自身的追求，這使他們難以承受。

　　這類兒童能敏銳地覺察到家庭對他們的期望。對於每一個加在他們身上的任務，他們都懷著激動又緊張的心情去完成，因為他們總想著超越別人，成為萬眾矚目的中心。他們承擔著期望的重擔，只要情況對自己有利，他們就會背負眾望，繼續前行。

　　如果我們人類掌握了絕對真理，找到使孩子免遭困難的方法，就不會有問題兒童出現了。但是我們無法擁有這樣的方法，也無法為孩子創造盡善盡美的學習環境，那麼對孩子過高的期望就成了一件危險的事情。這些孩子面對困難的感受與那些沒有不良心理負擔的孩子差異很大。這裡說的困難指的是不可避免的困難。想讓孩子們免遭困難是不可能的，一方面是因為我們的教育方法並不適合每個兒童，需要不斷

第三章　追求優越感及其教育意義

改進；另一方面是因為過度的爭強好勝會瓦解孩子面對困難和解決問題的勇氣，而勇氣才是克服困難的關鍵。

　　過度爭強好勝的兒童只關心最終結果，即人們認可他們的成功。得不到認可，他們就不會有滿足感。眾所周知，遇到困難時，保持心理平衡比即刻克服困難更重要，但一個爭強好勝、只關心結果的兒童看不到這一點。有這種心理依賴和過度看重別人評價的兒童不在少數。

保持心理平衡：
過分追求優越感對兒童不利

　　從具有先天缺陷的兒童身上，我們可以看到不對自身價值問題喪失平衡感的重要性。這種例子比比皆是。很少有人知道，許多兒童身體的左半部比右半部發育得更好。在右撇子盛行的環境中，左撇子兒童會遭遇很多的困難。我們會發現，左撇子兒童在書寫、閱讀和繪畫方面存在極大的困難，在雙手運用方面顯得笨拙。我們需要藉助一定的方法來確定兒童是左撇子還是右撇子。一個簡單但不絕對的方法是：要求一個孩子雙手交叉，如果他把左大拇指放在右大拇指上面，那他就是左撇子。我們會驚奇地發現很多人天生是左撇子，而他們自己完全不知道。

　　透過對大量左撇子兒童的生活進行調查，我們發現：首先，這些兒童通常行為笨拙（這在我們慣用右手人的眼中並不稀奇）。這種情況如同，習慣靠右道行駛的我們來到一個左道行駛的地方（如英國或阿根廷）試圖開車穿越街道時，內心和行為都會產生慌亂。如果家人都是右撇子，左撇子兒童在家裡的情況會更糟。他的左撇子習慣給家人以及自己帶來困

第三章　追求優越感及其教育意義

擾。在學校學寫字時，他在這方面的能力也比平均水準低。因為沒有人理解其中真正的原因，所以他不僅分數低，還常常受到責備和懲罰。在這種情況下，左撇子兒童只能認為自己在某些方面的能力不如別人。他會感覺到被貶損、被輕視，覺得自己沒有與別人競爭的能力。在家裡，他們也會因行動笨拙而受到責備，這更加重了他的自卑感。

當然，左撇子兒童不一定就此一蹶不振。但很多兒童在類似的情形下會放棄努力。他們不明白自己真實的處境，也沒有人向他們解釋如何克服困難，這會使他繼續嘗試掌控自己處境的努力變得相當難。很多孩子字跡潦草，甚至難以辨識，其實也可以歸因於他們從來沒有充分地訓練自己的右手。事實上，這方面的困難是可以克服的。許多一流的藝術家、畫家和雕塑家都是左撇子，但透過後天的訓練，他們也能掌握善用右手的能力。

有一種迷信說法認為，天生的左撇子如果透過後天的訓練來使用右手，就會說話結巴。其實，這可能是由於左撇子兒童有時要面對的困難太大，以至於他們甚至喪失說話的勇氣。這也是為什麼在有心理問題的人（如精神疾病人群、自殺者、罪犯、性變態者等）當中，左撇子特別多。但是，另一方面，那些克服了左撇子困難的人也能取得極高的成就，這種情況經常出現在藝術領域。

保持心理平衡：過分追求優越感對兒童不利

儘管左撇子特徵本身的意義不大，卻告訴我們：我們應該給予孩子面對苦難的信心和勇氣，否則我們無從判斷他們的能力和發展潛力。如果我們嚇唬他們，奪走他們對美好未來的希望，他們未來的生活不會多好；但如果我們鼓勵他們的勇氣，孩子就會成就更偉大的事業。

太過爭強好勝的兒童通常處境不樂觀，這是因為人們習慣以外在的成功標準來評判他們，而不是以他們能否克服困難來評價他們。在當今社會，人們習慣性地關注那些看得見的成就，而不看重全面徹底的教育。我們知道，那種不費力氣就得來的成功不會長久。所以，訓練孩子成為爭強好勝的人並沒有什麼好處。相反，培養孩子成為勇敢、堅忍、自信的人，讓孩子了解面對失敗不能氣餒，要把挫折當作新的問題去解決，這才是更重要的。如果老師能夠準確判斷出孩子在某個領域的努力是否有希望，這對孩子的成長和發展就更有利了。

由此可見，兒童對優越感的追求會反映他性格的某些特徵，例如爭強好勝。很多孩子對優越感的追求，剛開始只是以爭強好勝的形式出現，但因為有的孩子已經遙遙領先而難以超越，那些爭強好勝的孩子就會放棄嘗試。

許多老師會採用嚴厲的方式對待表現不積極的學生，或者給他們打低分，以此來喚醒他們隱藏的好勝心理。如果這

第三章 追求優越感及其教育意義

些學生還有勇氣的話,這種方法會有效果,但不適宜普遍使用。那些成績處於邊緣線的孩子會被這種方法完全弄得不知所措,甚至陷入明顯的愚笨狀態。

但是,如果我們能用關心和理解的態度對待兒童,他們會表現出一些我們意想不到的智力和才能。以這種方式轉變過來的兒童,通常表現出更明顯的好勝心理,原因很簡單:他們害怕回到原來的狀態。過去無所作為的生活就是警告,鞭策他們不斷進步。以至於在以後的生活中,他們中的許多人就像著了魔似的,夜以繼日忙個不停,飽受過度工作之苦,但總認為自己做得不夠。

讓我們回到個體心理學的基本思想,即每個人(包括兒童和成年人)的人格具有統一性,個體人格的行為表現與他逐漸形成的行為模式是一致的。脫離行為者的人格來判斷他的某一行為是沒有意義的,因為解釋單一行為的方式有很多種。如果我們把學生的一種特定行為,比如上學總是遲到,理解為他對學校交給他的任務不可避免地回應,那麼,判斷上的不確定性就會消失。孩子的這一反應只是意味著他不想與學校有關係,也不想完成學校安排的任務。事實上,他會想盡辦法不遵守學校的要求。

從這個觀點出發,我們就可以理解學校裡的「壞」孩子是怎麼一回事了。孩子之所以不喜歡上學,是因為他們對優

越感的追求沒有轉化為接受學校的要求，反而對學校的要求產生牴觸。於是，孩子會表現出一系列典型的行為症狀，並且逐漸演變成屢教不改和故意作對。他樂於在學校裡扮演小丑的角色，不停地做惡作劇惹得別人大笑，或者招惹他的同學，曠課逃學，和不三不四的人混在一起。

由此可見，我們不僅掌握著兒童學校教育的命運，還決定著他們未來的人生發展。處於家庭教育與社會教育之間的學校教育，對個體的未來發展有著決定性作用，因為它有機會矯正兒童在家庭教育中形成的不良生活方式，也有責任幫助兒童做好適應社會生活的準備，確保他們以後能在社會這個大樂隊中和諧地演奏好自己的樂章。

第三章　追求優越感及其教育意義

學校的教育：矯正家庭教育的弊端

從歷史的角度來看，學校的作用一直是按照時代的社會理想來教育和塑造學生。在不同歷史階段，學校依次為貴族、教士、中產階級和平民服務，總是依照特定的時代標準來教育孩子。今天，為順應變化了的社會理想，學校也必須做出相應改變。因此，如果當今社會理想中的成年人是獨立、自主和勇敢的人，學校也必須做出調節，培養與這種理想接近的人才。

換句話說，學校不能把自身訴求視為教育的目的，它必須牢記，是為社會培養學生而不是為自己。因此，對那些已經放棄努力進步的學生，學校也不能放棄。這些學生不一定缺乏追求優越感的動力，他們只不過是把注意力轉移到其他事情上去了，他們認為做那些事情更容易取得成功。這可能是因為之前他們無意識地接觸過那些方面，並取得了成就。所以，他們或許做不了傑出的數學家，但可能成為優秀的運動員。老師不應該無視這些孩子取得的成績，而應該把這些成績變成教育的突破口，鼓勵他們在其他領域追求成功。如果老師一開始就從孩子長處入手，使孩子相信他們在別的方

學校的教育：矯正家庭教育的弊端

面也能取得成功，那老師的工作就輕鬆了很多。這就像把孩子從一個碩果纍纍的果園引領到另一個碩果纍纍的果園。因此，既然所有的孩子（除智商不足的兒童外）都具備成功完成學業的能力，那麼學校需要做的僅僅是克服各種人為設定的障礙。這些人為障礙出現的主要原因是，學校的評判標準是抽象的學業成績，而不是終極的教育目標及社會目標。從學生的角度看，這些障礙破壞了學生的自信，因此，他們對優越感的追求偏離了對社會有益的活動，因為他們難以從這些活動中獲得優越感。

在這種情況下，兒童會怎麼做？他會想到逃避。我們可能會發現，他做出一些怪異的行為（如頑固或無禮）。這些行為不會贏得老師的讚揚，但卻可以吸引老師的注意以及其他孩子的崇拜。這類兒童透過製造麻煩，把自己視作了不起的英雄人物。

這些心理表現和偏離規範的行為，雖然是在學校裡表現出來的，但它們的根源並不都在學校。從積極的方面看，學校有教育和矯正兒童的義務；從消極的方面來說，學校僅僅是孩子家庭教育弊端展現的場所而已。

一個稱職的老師在兒童入學的第一天就能敏銳地觀察到很多東西，因為很多兒童會馬上顯示出被溺愛的跡象，他們覺得新環境（學校）帶給他們的是痛苦和不適。這樣的孩子沒

第三章　追求優越感及其教育意義

有與人交往的經驗，而他們也不願或不能獲得友誼。因此，孩子在入學前，最好能掌握一些如何與人交往的知識，比如不能讓孩子只依賴一個人，而排斥其他人。家庭教育的弊端必須在學校得到矯正，如果這種弊端不存在當然會更好。

我們不能期望，一個在家裡被寵慣了的孩子到學校裡能馬上集中注意力學習。事實上，他們沒有「學校意識」，更願意留在家裡。當然，我們很容易發現孩子厭惡學校的跡象，例如：每天早上都得父母哄著才能起床，讓人催著做這做那，吃早飯時拖拖拉拉等。

解決這種問題和解決左撇子問題一樣，我們必須給孩子時間去學習和矯正。我們不能因為他們上學遲到就懲罰他們，因為這只會加劇他們對學校的牴觸，讓他們認定自己不屬於學校。父母如果用體罰的手段強迫孩子上學，孩子非但不願意到學校去，反而會想辦法應對自己的處境。這些辦法只是為了逃避困難，而不是真正地面對和解決困難。我們可以從孩子的一些舉動看出他是否厭惡學習，如果一個孩子習慣性地忘了帶或丟失書本，我們就可以肯定他在學習上並不順利。

如果進一步考察，我們會發現這些孩子對獲得學業成功不抱一點希望。這種自我低估不完全是他們的過錯，周圍的環境對此也有責任。家人在對他們生氣時可能口無遮攔，說

他們將來前途黯淡，或者罵他們愚笨。這類兒童在學校的經歷也似乎證實了這些「預言」的真實性，而他們缺乏對這種錯誤看法的判斷、分析和糾正能力，因此，在嘗試努力之前，他們就已經放棄了。他們把由自己造成的失敗視為不可克服的障礙，並且把這看成是自己能力不足或低人一等的證明。

錯誤一旦發生，得以矯正的可能性就很小。雖然這些孩子付出了努力，但還是成績不好，於是他們很快就會放棄希望，找藉口逃學。逃學或者曠課是一種危險的訊號，也是一種惡劣的行為，對此要受到嚴厲的懲罰。於是，為了免遭懲罰，孩子會使用詭計、造假的手段矇騙老師和家長，並認為這是迫不得已。他們會偽造家長簽名、竄改成績單等。他們會編造一大堆謊言，跟家長談論在學校的情況，但實際上，他們已經逃學很長一段時間了。他們會在上課時間找地方躲起來，這些地方也是其他逃課學生的藏身之處。逃學以後，這些孩子追求優越感的心理得不到滿足。這就驅使他們採取更為偏激的行為來追求優越感，甚至做出違法行為。這樣一來，他們就會錯上加錯，最終以違法亂紀告終。他們會組成集團，嘗試盜竊和不正常的性行為，並誤以為自己已經長大。

一旦走上違法犯罪的這條路，他們就會繼續尋求新的方法來滿足自己的野心。只要還不被別人察覺，他們就敢犯下

第三章　追求優越感及其教育意義

更嚴重的罪行。他們會在這條路上越走越遠，因為他們已經把其他有益的活動排斥在外，認為自己在別的方面無法取得成功。他們不會考慮任何富有建設性和有益的事情。同夥之間的爭強好勝也會驅使他們不斷做出新的違法行為。

我們發現，一個有犯罪傾向的孩子同時也會極度自負，這種自負和野心的根源相同 ── 追求優越，突顯自己，他們在生活中的積極方面找不到一席之地，就會轉到消極方面發展。

在男孩殺死教師的案例中，我們發現這個男孩具備上述所有的人格特徵。他的女家庭教師以為自己很了解心理的功能及表達，男孩在她的管教下，過著被精心照顧又太過緊張的生活。結果，因為期望過高卻一無所成，他完全喪失了自信心。生活和學校都滿足不了他的過高期望，他就轉向了違法活動，因為這能讓他擺脫教師和教育治療專家的控制。

教育工作者都會熟悉這樣一個值得關注的事實：教師、牧師、醫生及律師的家庭中頻繁出現任性不羈的兒童。這說明，無論是在職業聲望不高的家庭，還是在有較高的職業權威家庭裡，孩子教育失敗的問題都會發生。儘管他們擁有很高的職業權威，但他們似乎沒有能力為自己的家帶來和平和秩序。對這種現象的解釋是，在這類家庭中，某些重要的觀點被忽視或者不被理解。其中部分原因是，本身是教育者

學校的教育：矯正家庭教育的弊端

的家長，會藉助自己的職業權威，將嚴格的規定強加給他們的家庭。他們嚴厲地壓迫孩子，威脅甚至剝奪掉他們的獨立性。他們的所作所為喚起了孩子身上的反抗情緒，喚起了孩子對記憶中責罰他們的棍棒的暴力壓力，同時喚起了他們的報復意識。

　　我們要記住，刻意的教育法會使家長特別關注和監視自己的孩子。很多時候，這是一件好事，但這也會造成孩子總想成為被關注的焦點。這樣一來，這些兒童會把自己視為一件展示品，並認為他人有責任幫自己克服困難，而他們自己則不用負任何責任。

若 # 第三章　追求優越感及其教育意義

第四章
怎樣指引兒童朝著優越出發

> 　　每一個兒童都追求優越感。父母和老師的任務就是把這種追求指引到富有成就且有益的方向。我們必須確保的是，兒童對優越感的追求能為他們帶來的是精神上的健康和富足，而不是精神上的疾病和思維混亂。

第四章　怎樣指引兒童朝著優越出發

社會情感：
確定兒童優越感的正確方向

眾所周知，每一個兒童都追求優越感。父母和老師的任務就是把這種追求指引到富有成就且有益的方向。我們必須確保的是，兒童對優越感的追求能為他們帶來的是精神上的健康和富足，而不是精神上的疾病和思維混亂。

那麼，如何才能做到這一點呢？而區分追求優越感是有益還是無益時，又是以什麼為基礎的呢？答案是：要符合社會利益。古往今來，每一項有價值的事物和亮眼的成就都是與社會有關的。想一想那些我們所認為的偉大行為就會發現，他們不僅為行為者自身帶來了回報，更為社會創造了價值。因此，我們在兒童的教育過程中一定要培養他的社會情感，換句話說，就是要加強孩子對社會價值的認同感。

那些不理解社會感情為何物的兒童將會成為問題兒童，因為他們對優越感的追求很容易被匯入歧途。

確實，人們對於什麼是有益於社會的看法不盡相同，就是所謂的仁者見仁智者見智。不過，能確定的是，正如我們

社會情感：確定兒童優越感的正確方向

可以透過樹結的果實來判斷這棵樹的優劣一樣，我們可以從某種行為所產生的結果來判斷它是否對社會有益。事物的普遍結構是對行為進行價值判斷的標準，這種評價技術十分複雜，因為行為的結果和這種標準的契合程度必須經過時間的檢驗。所幸，日常生活中，我們不會經常運用複雜的技巧對行為本身進行判斷。不過，在社會生活和個人生活中，一個行為所產生的結果終究會證明該行為是否有價值及正確與否。然而，從科學角度來看，沒有任何一種行為是絕對有益無害的。因為這關乎絕對真理，關乎對人生問題的正確解決，而人生的種種問題受到宇宙、地球及人類關係網的邏輯的制約。這種制約就像一道數學難題一直擺在我們面前，我們明知道答案就藏在問題中，卻不一定能夠解開。我們只能透過參考問題以及問題解決的背景來探討解決問題的辦法，並判斷這種解決辦法是否正確。可惜，檢驗這些答案的時機可能會姍姍來遲，致使我們沒有時間去糾正錯誤。

由於我們難以從客觀性和邏輯性的角度審視自己的生命歷程，這使得我們很難發現自己的行為模式是連貫一致的。我們在生活中一遇到問題就害怕，第一時間不是在想怎麼去解決問題，而是質疑自己是因為選錯道路才落得這種下場。要注意的是，當偏離正確生活軌道時，兒童不會從錯誤的經驗中學到正確的教訓，因為他並不理解問題的真正含義。因

第四章　怎樣指引兒童朝著優越出發

此,教導兒童學會將生活中發生的事關聯起來是我們的重中之重。兒童應該明白,生命是一種貫穿所有相互關聯的事件的線索,任何事件都存在於自己的整體生命背景下,而且只有參照以往所有的事件才能得到理解。只有這樣,兒童才能真正明白自己偏離正軌的原因,並從負面經驗中獲得正面的教訓。

兒童追求優越的錯誤方式1：
懶惰及其他

在我們進一步討論對優越感如何區分好壞前，先來討論一種看起來似乎與理論相悖的行為——懶惰。從表面上看，懶惰好像和「所有兒童都會追求優越感」的觀點相矛盾。其實，我們對懶惰兒童的責備無非是因為覺得他們沒有表現出追求優越的渴望和雄心。可如果我們仔細觀察就會發現，這種普遍的觀點是錯誤的。懶惰的兒童其實正在享受懶惰帶來的好處。他們不需要背負太多外界的希望，不用努力，總是一副無所謂吊兒郎當的樣子，也不會因為沒有成績而被人責備。而且，他們的懶惰反而使自己成為人們關注的對象，起碼他們的父母要時時關注他們。試想，有多少孩子為了引起他人的注意而不惜代價去努力。這樣一來，我們就會明白，這些孩子為什麼會透過懶惰來引人注目了。

當然，這不是心理學對懶惰的全面解釋。很多時候，兒童懶惰是為了緩解自己當前的處境。他們可以把目前的無所建樹歸咎於懶惰，這樣人們也很少會指責他們的能力不夠，家人甚至會說：「如果不是他懶，他做什麼都會很棒。」相比

第四章　怎樣指引兒童朝著優越出發

而言,孩子還是更喜歡懶惰的評價,這對於沒有自信的孩子無疑是一種很好的安慰。因為,這個「如果」句式——如果不是他懶,他做什麼都會很棒——撫平了他們的挫敗感。當這些兒童做出一點努力,取得一些成就的時候,會與他們之前的毫無成績形成鮮明的對比,他們就會被大力表揚。而那些一直努力的兒童,雖然會取得更大的成績,但未必受到如此大力的表揚。甚至即使犯了同樣的錯誤,人們對懶惰的兒童的批評也總比對其他的兒童要溫和很多。

說到這裡,我們不難看出,懶惰背後通常隱藏著不為人知的把戲。懶惰的兒童就好像走鋼絲玩雜耍的人一樣,即使他們掉下去,底下也總是有著保護網,基本不會受到傷害。簡而言之,懶惰是那些缺乏自信的孩子的一道屏障,也成了阻礙他們面對困難的藉口。

縱觀現行的教育方法,我們很容易就能發現這些方法對懶惰的孩子無計可施。人們越責備一個懶惰的孩子,就越符合他的期待。因為不停地責罵會轉移人們對他的能力問題的關注,這正是他所期待的。對他來說,懲罰也是如此。老師們總認為用懲罰手段就可以使兒童走向正軌,可總是失敗。實際上,最嚴厲的懲罰也不能讓一個存心懶惰的兒童變得勤快。

如果兒童真發生了轉變,那也只是因為所處環境發生了

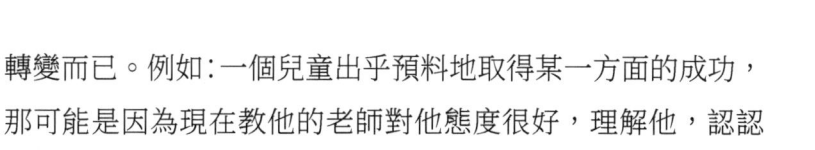

轉變而已。例如：一個兒童出乎預料地取得某一方面的成功，那可能是因為現在教他的老師對他態度很好，理解他，認認真真地跟他交流，沒有剝奪他所剩無幾的勇氣，而是給予他鼓勵。還有些兒童在原來的學校課業停滯不前，可是換了個新的學校，環境有所改變，他也變得異常勤奮。

有些兒童並不是採用懶惰，而是選擇裝病來逃避學業。有些兒童在考試時顯得異常緊張，因為他們認為會因此得到老師相應的照顧。同樣的心理在愛哭的兒童身上也可以發現：哭喊和神經緊張都是他們獲取特權的手段。

第四章　怎樣指引兒童朝著優越出發

兒童追求優越的錯誤方式 2：口吃

　　還有一些兒童因為某種缺陷而要求特殊的照顧，他們的心理也屬於上述類型。比方說，說話結巴的兒童。實際上幾乎所有的兒童在剛開始學說話的時候都會有些結巴。眾所周知，兒童說話能力發展的速度受很多方面因素的影響，最重要的就是兒童的社會情感發展狀況。社會情感強，樂意與他人交往的兒童會比那些迴避社交的兒童更快地學會說話。

　　我們還需要注意這樣的場合：孩子根本不用開口，說話是多餘的。例如：有些被過分保護和溺愛的兒童，往往在他有機會說出自己的願望之前，他們的家人已經猜到並滿足了他們的要求，就像人們對待聾啞兒童那樣。如果人為地減少兒童的說話需求，那麼兒童的社會情感就會受限。

　　如果兒童到四五歲還沒學會說話，父母就會擔心他是否聽力或者發聲有問題。但在經過聽覺測試後，他們很快就排除了兒童聾啞的可能。不難發現，這是因為兒童生活在一個沒有必要說話的環境。就像俗語說的生活在茶來伸手、飯來張口的環境中，他自然就沒有說話的迫切需求了。如此一來，孩子自然很晚才會說話。

兒童追求優越的錯誤方式 2：口吃

◇ ◇ ◇

兒童的語言反映了他對優越感的追求以及發展方向。他們需要透過語言來表達對優越感的追求，不管這種表達是為了給他人帶來快樂，還是滿足自己的日常需求。如果他這兩方面都沒有做到，我們自然會想到是不是他的語言能力出現問題了。

有些孩子會產生一些語言缺陷，例如很多子音發音不準，如 r、k、s 等。這些語言缺陷都是可以矯正的。而值得注意的是，很多成年人仍然會口吃或者咬字不清。

隨著年齡增長，大部分兒童會逐漸克服口吃的毛病，只有小部分兒童依然需要治療。從治療一個 13 歲男孩的案例中，我們就會發現治療過程是多麼艱辛：

醫生在他 8 歲的時候開始了一年的治療，但很不成功，隨後的一年他沒有做專業治療。他到了第三年換了個醫生，這次的治療依舊不成功。他第四年沒有採取什麼治療方法。第五年的前兩個月，他由一個專業矯正的醫生接手，但是這個醫生把他的情況弄得更糟了。又過了一段時間，他被送到一個專門矯正口吃的學校。這次的治療持續了兩個月，並取得了成功。但過了 6 個月，這個孩子口吃的毛病復發了。

接下來的 8 個月，這個男孩被送到了另一個矯正口吃醫生的手裡。這次毛病不但沒有好轉，反而變得更糟了。隨後，他又換了個醫生嘗試治療，也還是不成功。雖然在接下來的暑假裡，他的情況有所好轉，但是假期一過，他又回到老樣子了。

第四章　怎樣指引兒童朝著優越出發

◇◇◇

這個男孩接受的主要治療方法就是高聲朗誦、緩慢說話、做一系列的口頭練習等。治療過程中，人們發現，一定程度的興奮會使他的情況暫時改善，但過不多久就會回到老樣子。這說明他在生理上並無缺陷，即使他年幼時因從二樓摔下來得過腦震盪，又在12歲時左臉中過風。

性格方面，教過男孩一年的老師曾這麼評價：「他有教養，勤奮，容易害羞，有點神經質。」老師還反映，男孩在學習法語和地理的時候非常吃力，而且每逢考試，他會異常緊張。男孩喜歡體操和運動，喜歡參與有技巧性的活動。他雖然沒有表現出領導者的特質，卻能和同學們友好相處，只是時常會和他弟弟吵架。

家庭方面，男孩父親是個商人，性格暴躁，每當男孩說話口吃就會被他厲聲訓斥。即便這樣，男孩依舊更怕他的母親，因為他認為母親對弟弟有偏愛。他嚮往自由自在，但他又有一個私人家庭老師，平時很少能出門。

基於這些事實，我們可以得出這樣的結論：兒童一和他人相處就很緊張並且會臉紅，這一現象也是和他的口吃密切相關的。他的口吃已經內化為大腦系統中的一部分，成為一種習慣，即使是他最喜歡的老師也不能治癒他。

如我們所知，口吃的根源並不是兒童的外部環境，而是他對外界環境的感知方式。在這當中，他的敏感和易怒心理

兒童追求優越的錯誤方式 2：口吃

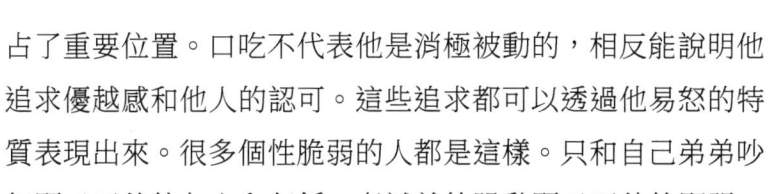

占了重要位置。口吃不代表他是消極被動的，相反能說明他追求優越感和他人的認可。這些追求都可以透過他易怒的特質表現出來。很多個性脆弱的人都是這樣。只和自己弟弟吵架顯示了他的灰心和氣餒，考試前的躁動顯示了他的緊張，他擔心自己不能成功，擔心自己比不上他人。強烈的自卑使他對優越感的追求走上了對自己和社會無益的方向。

這個男孩更願意上學，因為學校的環境比家裡好。在家裡，弟弟永遠是一家人的焦點。他生理上的創傷或心理上的受驚並不是導致他口吃的原因，不過也可能是他喪失信心的一個因素。對他影響最大的還是弟弟，因為弟弟讓他在家裡備受冷落。

還有一件事也值得關注，那就是這個孩子 8 歲還在尿床。通常來說，只有那些一開始被寵溺又失寵的兒童才有這一症狀。尿床這個行為傳達的資訊是他無法接受被冷落的現狀，夜間也要博得母親的注意。

要治好這個男孩的口吃，就要鼓勵並教育他學會獨立。我們給他一些能完成的任務去幫他樹立自信。這個男孩承認，弟弟的出生讓他不開心。因此，我們有必要讓他明白，是他的嫉妒驅使他走向了錯誤的方向。

第四章　怎樣指引兒童朝著優越出發

劣勢防禦機制：
兒童會藉助不良行為獲得關注

對於伴隨口吃產生的症狀，還有很多有待解釋。例如：當口吃者激動時會怎麼說話？很多口吃者在生氣罵人時根本不口吃。年紀大一些的口吃者在閱讀和談戀愛時通常也不口吃。這些都說明，導致口吃的最大因素是患者沒有和他人建立起一種良好的關係。也就是說，當他們必須面對要聯絡的人，或者必須要用語言表達自己時，緊張情緒就隨之而來了。

如果兒童在學說話時沒有什麼困難，人們也不會特意關注他們說話；可一旦他們在這方面出現了困難，他就會成為家人注意的焦點，這樣就會使兒童對自己說話格外在意，有些兒童會有意識地控制自己的言語表達。這種有意識地控制自己的做法，只會引起功能的錯亂。梅林克的童話《癩蛤蟆的逃脫》就是一個典型的例子。

癩蛤蟆遇見了一個千足動物，興奮地問道：「你能告訴我你走路的時候先邁出哪隻腳，然後你又是怎麼控制其他腳的嗎？」千足動物聽完後開始思考並觀察自己腳的移動，想搞

劣勢防禦機制：兒童會藉助不良行為獲得關注

清楚自己是怎麼邁出腳的。結果他把自己也弄糊塗了，竟然連一步也邁不出去。

雖然理清我們生活的方向和軌跡有著極其重要的意義，但試圖去控制每一個步驟和細節是百害而無一利的。只有任憑身體自由揮灑，我們才能創造出非凡的藝術作品。

儘管口吃對兒童的成長有諸多不便並且影響到其將來的發展，儘管家庭對口吃兒童的過分關注不利於其成長，但有很多人依舊不想著改進現狀，而是找藉口自我逃避。這種現象在孩子和父母身上都有展現，父母對未來沒有信心，孩子則滿足於依賴別人，以表面的劣勢維持內心的優越。

巨大的劣勢可以轉化為優勢，巴爾札克的一個故事可以很好地展現這一點。故事裡有兩個人做生意，他們互相砍價，其中有一個人說話結結巴巴的，用這種方式來爭取更多時間計算營利。他的對手識破這一詭計後假裝聽不到。這樣一來，口吃者落了下風，得盡很大努力才能讓對手知道自己說了什麼。雙方就此扯平。

儘管有時口吃的兒童會利用自己的口吃爭取時間，或者故意讓別人等他們說完，但我們不能苛責他們。他們應該被溫柔對待並得到鼓勵，只有適當發掘並強化他們的勇氣，才能成功地將他們治癒。

第四章　怎樣指引兒童朝著優越出發

◇◇◇

第五章
兒童的自卑情結

> 自卑情結是一種過度的自卑感,它迫使人追尋唾手可得的補償和富有欺騙性的滿足。同時,這種情結會放大困難,削弱勇氣,將通往成功的道路堵死。

第五章　兒童的自卑情結

自卑情結：兒童自卑感的惡性循環

在每個人身上，自卑感和追求優越是密切相關的。人之所以追求優越就是因為感到自卑，希望透過取得成就來消除自卑感。自卑感原本不會對人的心理造成顯著的影響，只有它阻礙了人對優越感的追求，或者當生理缺陷加劇到使人無法承受的地步，它才會衍變為自卑情結。自卑情結是一種過度的自卑感，它迫使人追尋唾手可得的補償和富有欺騙性的滿足。同時，這種情結會放大困難，削弱勇氣，將通往成功的道路堵死。

這裡還是以那個口吃男孩的案例來說明。這個男孩是因為自己的灰心喪氣造成的口吃，而他的口吃又加重了他的灰心喪氣。這就是神經性自卑情結中的一種惡性循環。自卑情結壓迫著男孩，他想把自己藏起來，不想與人交往。他甚至想過自殺，因為已經徹底絕望。從另一層面來說，口吃是這個男孩生活模式的一種表達和延續，使他贏得了所有人的關心，也緩解了他內心的壓力。

這個男孩的人生目標定得太高，他一直追求認同和名譽，所以他必須表現出友好和善的樣子，表現得既能做好工

自卑情結：兒童自卑感的惡性循環

作也能和別人融洽相處。除此之外，為了以防萬一失敗，他還為自己找個合理的藉口，就是他的口吃。這個案例之所有具有特殊性和啟發性，是因為這個男孩生活的主題是對自己和社會有益的，只是在一個階段男孩的判斷力和勇氣依然遭到了破壞。

當然，口吃只是那些沒有勇氣的兒童常用的一種防禦手段，他們不相信依靠自己的努力能夠獲得成功。這些防禦手段對於他們而言，就像是大自然賜予動物自我保護的利爪和尖角。顯而易見的是，是這些孩子的軟弱和絕望促使他們這麼做的。有些兒童無法控制自己大小便，這一情況說明他們不想告別嬰兒時期那種無憂無慮的日子。這些兒童中很少有人真有泌尿系統的疾病。他們使用這些手段是為了博取父母和老師的同情，雖然有時也會被同伴嘲笑。綜上所述，這些兒童的種種表現不應被看作一種生理疾病，而是他們自卑情結的外在表現，或是他們追求優越感的病態或危險表現。

我們可以想到，這個男孩的口吃或許是由一個極小的心理問題不斷演變形成的。在很長一段時間中他是獨子，他母親在他身上傾注所有心思。但隨著他慢慢長大以及弟弟出生，家人對他的關注逐漸變少，他就想利用口吃來爭奪失去的注意力。因為他注意到一旦口吃，家人就會觀察並注意他的口型和咬字。這樣一來，他就從弟弟身上奪回了本該屬於

第五章　兒童的自卑情結

自己的關注和時間。

他在學校的情況也是這樣。因為口吃，老師同樣需要在他身上花更多時間。這樣一來，無論家裡還是學校他都能得到與眾不同的關注。他就像那些好學生一樣引人注目，這正是他的追求。毫無疑問，這個男孩在學業和體育活動方面都表現得不錯，可他的「口吃」無疑讓他更為顯眼。

雖然他憑藉「口吃」贏得了老師的優待，可這不值得推薦。因為這個男孩在缺少別人關注時，會比其他兒童更容易受到傷害。自從弟弟成為家庭的焦點，他就為得不到關注而鬱鬱寡歡。不同於其他兒童，他沒能把興趣轉移到其他方面。因為在他的心裡母親是唯一重要的人，其他人都不重要。

要治癒這一類孩子，首先要讓他們樹立起信心，讓他們相信自己有能力成功。我們要用友善的態度對待他們，而不是用嚴厲的方法嚇唬他們。當然，只這樣做還不夠，我們需要運用和他們的友好關係，鼓勵他們積極向上，不斷進步。我們還必須培養他們的獨立性，運用各種方法使他們對自己的身體和能力都充滿信心，這樣他們才能持續進步。

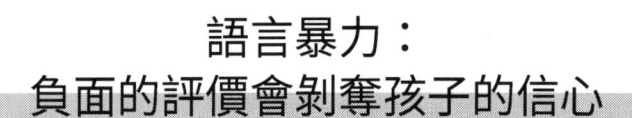

語言暴力：
負面的評價會剝奪孩子的信心

在教育兒童的過程中，最荒謬的就是對走彎路的兒童做出惡毒的評價：「他們沒救了。」這種評價沒有任何益處，只會加重兒童的懦弱。恰恰相反，我們應該鼓勵他們，用樂觀的精神激勵他們，正如詩人維吉爾[01]所說：「我能，是因為我相信。」

雖然有時孩子會因為害怕別人嘲笑而改變自己的行為，但這只是假象，千萬不要認為能用貶損或羞辱的方式來糾正孩子。我們可以透過下面的例子來看看這種做法多麼無效：

一個男孩由於不會游泳一直受到同伴的嘲笑。終於，他忍無可忍，一下從跳板扎到水裡，人們大費周章才把他救上來。

情況通常就是這樣的，一個怯懦的人在面臨事關尊嚴的情況下，會選擇鋌而走險來克服怯懦，但他們採取的方式大

---

[01] 普布利烏斯・維吉利烏斯・馬羅（拉丁文：Publius Vergilius Maro，常據英文 Vergil 或 Virgil 譯為維吉爾，西元前 70～前 19 年），是奧古斯都時代的古羅馬詩人。其作品有《牧歌集》（*Eclogues*）、《農事詩》（*Georgics*）、史詩《艾尼亞斯紀》（*Aeneid*）三部傑作。其中的《艾尼亞斯紀》長達 12 冊，是代表著羅馬帝國文學最高成就的巨著。因此，他也被羅馬人奉為國民詩人，被當代及後世廣泛認為是古羅馬最偉大的詩人，乃至世界文學史上最偉大的文學家之一。

第五章　兒童的自卑情結

多是失當的。這個案例中的男孩內心是懦弱的，他害怕一旦承認不會游泳就會失去友誼中的地位，可是他不顧一切地跳入水中並沒有讓他克服懦弱，反而加重了他的懦弱。

懦弱是一種會破壞人與人之間關係的性格。一個總是對自己失望的兒童不會願意理會他人，反而會犧牲他人去維護自己的尊嚴。懦弱給予他們一種個人主義、好鬥的人生態度，這種人生態度會破壞社會感情，可卻消除不了對他人意見的恐懼。一個懦夫總是擔心被別人嘲笑、忽視和瞧不起，終日生活在一個充滿敵意的環境中，逐步形成了多疑、嫉妒和自私的性格。

這樣的兒童大多會變得尖酸刻薄，熱衷於挑刺。他們不願意讚美別人，而且當別人受到讚美時，他們會既羨慕又憎恨。如果一個人追求優越的手段不是努力建立自己的成就而是貶低別人，就說明他是一個懦弱的人。一旦發現兒童對別人有敵意，教育者必須要第一時間幫助他糾正這個錯誤。如果教育者沒有發現這種徵兆，這樣的兒童表現出的由敵意滋生的不良性格特徵就得不到矯正。教育兒童的正確方法是：指出他們的錯誤，告訴他們不應該期望不用努力就贏得別人的尊重。我們必須培養兒童之間的友誼，教育兒童不要小看別人（不管別人是做錯了事還是成績不好）。否則，兒童很容易會出現自卑情結，喪失生活的勇氣。

語言暴力:負面的評價會剝奪孩子的信心

當一個兒童失去了對未來的信心,他就會在現實中退縮,從而透過生活消極的方面尋求慰藉。教師的神聖使命,也是最重要的職責,就是確保學生不會喪失信心和勇氣,並幫助那些一入學就灰心喪氣的學生重拾信心。如果兒童不是抱著希冀和勇氣面對未來的話,想教育好他們是幾乎不可能的。

有一些兒童喪失信心是暫時的,那些把目標定太高的兒童尤其如此。雖然他們在學業上一直在進步,但在最後一次考試通過後面臨找工作時,他們會突然喪失信心。而且一旦他們的成績不拔尖,就會在很長一段時間內灰心喪氣。這可能是因為潛藏在孩子內心的理想和現實的衝突突然爆發了,此時,這些兒童會變得不知所措,出現焦慮。如果這些兒童的情緒沒有得到及時疏導,他以後做事就很容易虎頭蛇尾,長大後會演變為頻繁換工作。因為他們總是患得患失,不相信自己能圓滿地完成一項工作。

兒童的自我評價也很重要,但我們不可能用提問的方式套出他們的話。因為不論我們的問題提得多巧妙,他們的回答都是含糊不清的。一部分兒童認為自己舉足輕重,另一部分兒童覺得自己一文不值。我們透過簡單觀察就會發現,持後一種評價的兒童總是聽到身邊的家長說「你一點用都沒有」或者「你真笨」這一類的話。

第五章　兒童的自卑情結

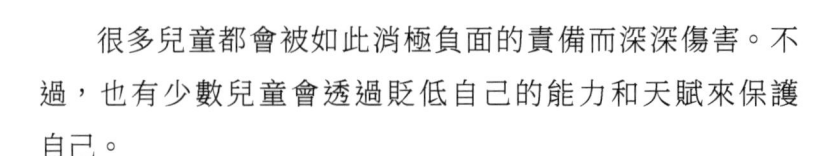

很多兒童都會被如此消極負面的責備而深深傷害。不過，也有少數兒童會透過貶低自己的能力和天賦來保護自己。

既然問答的方式不能讓我們了解兒童對自己的評價，那麼我們只能選擇另一種方式——觀察他們如何面對和解決遇到的困難。例如：在面對困難時，他們自信果敢還是優柔寡斷。後者是最常見的缺乏自信和勇氣的表現。這類兒童在面對困難時，一開始可能會表現得信心滿滿，但真正面對時就會變得縮頭縮尾，停滯不前。這樣的兒童有時會被認為是懶惰，或是做事心不在焉。儘管這兩種表述不同，但本質是一致的——他們不會像正常人那樣集中精神去解決問題，而是想盡辦法去逃避所遇到的問題。有時候，大人會誤以為這些兒童缺乏能力和天賦。但是，一旦了解了事情的原委，並用心理學的基本原則加以分析，我們就會發現這些兒童的真正問題是缺乏信心和勇氣，而不是天賦和能力。

在探討追求優越感的問題時，我們會發現人在追求優越感的道路上有時會偏離正確方向。值得注意的是，一個完全以自我為中心的人絕對是社會生活中的畸形人。有些過分追求優越感的兒童就屬於這一類，他們行事不管不顧，仇視他人，違反社會規則，貪婪索取，極度自私。

但即使是在那些行為極其惡劣的兒童身上，我們也能發

現一種明顯的人性特徵：他們有時也會有對人類這個大群體的歸屬感。這些兒童的行為總是遠離人與人合作的範疇，在他們身上很難發現社會感情，可是他們總是和世界相連繫的，只是隱藏在某種形式之中。自卑感就是其中一種，只要能發現自卑感的表現形式，就能發現他們與世界的連繫。

第五章　兒童的自卑情結

自卑感的表現：
自卑外露及過度追求優越

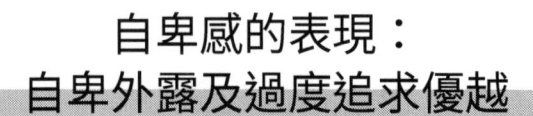

　　自卑感有許多表達形式，眼神就是其中的一種。眼睛不只用來接收傳遞光線，還可以用來進行社會交流。從一個人打量他人的方式，就可以看出他對與人交往的傾向和程度。因此，所有的心理學家和作家都非常重視一個人的眼神。眼睛是心靈的窗戶，所有人都可以根據別人打量自己的方式來判斷他對自己的看法。儘管這一方法可能偶爾會出現判斷或理解錯誤，但是我們還是能透過觀察兒童的眼神來判斷他是否友善。

　　眾所周知，那些不敢正視他人的兒童都心存疑惑。這並不意味著他們品德不佳，或是有不良習慣。他們躲閃的眼神祇是在表達他們不想與別人產生連繫，哪怕是短暫的時間，這顯示了他的不合群。通常情況下，兒童靠近大人的距離也是類似眼神迴避的一種訊號。如果你招呼兒童過去，一般情況下他會先保持一段距離，看看情況，再決定什麼時候有必要靠近你。他對親密關係有懷疑的態度，也許是因為他有不愉快的經歷，然後他以偏概全，把自己的片面認知運用到所

自卑感的表現：自卑外露及過度追求優越

有情況。有趣的是，我們會發現一些兒童喜歡賴在老師或母親身邊，兒童願意親近的人在他們心中要比他們宣稱愛的人要重要得多。

有些兒童走路仰頭挺胸，說話落落大方，堅定不移，無一不顯示出自信和勇敢。而有些兒童在和別人說話時畏畏縮縮，明顯表現出一種不能應付處境的膽怯和自卑。

在探討自卑情結時，經常會有人認為自卑情結是天生的。事實上，每個兒童無論他多麼勇敢，我們都有辦法讓他喪失勇氣，變得膽小怯懦。這也反駁了「自卑是與生俱來的」的觀點。如果父母膽小怯懦，他們的兒童也可能膽小怯懦。但是，這並不是因為遺傳，而是受到了父母性格的影響。家庭氣氛和父母性格對兒童的成長和發展極其重要。那些家庭環境沉悶的兒童，通常在學校裡也沉默寡言。這些情況自然會使人們首先聯想到性格的遺傳，但這經不起推敲。一個人不善於和別人打交道，並不是由大腦或者器官的生理變化造成的。

我們可以透過一個最簡單的案例來理解這種情況，至少在理論上理解。

一個小男孩生來就有器官缺陷，曾長時間生病，飽受病痛和羸弱的折磨。於是，這個兒童開始陷入自己的世界之中，認為外界的世界是冷漠和充滿敵意的。此外，一個羸弱

第五章　兒童的自卑情結

◇◇◇

　　的兒童必須依賴別人全身心地照顧才能得以生存，正是因為別人的照顧和庇佑，他產生了強烈的自卑感。

　　兒童在體型和力量上與成人都有差距，這本身就讓他們有一定的自卑感。再加上，他們經常會聽到成人說「小孩只能被看顧，不能被傾聽」，這種觀點加劇了兒童的自卑感，促使他們認為自己處於劣勢。他們很難接受比成人的身材更矮小，力量也更微弱的事實。他們越是強烈地感到自己弱小，就越是努力彌補不足。這樣一來，他們追求別人的認可就多了一份動力。但是，他們並沒有努力與周圍的人和諧相處，而是自己定下了這樣的處事原則：「只為自己著想」。不擅長與人交往的兒童就屬於這一類。

　　有些體弱、殘疾和長相醜陋的兒童會有一種強烈的自卑感，這種自卑感通常以兩種極端的形式表現出來。他們與人說話時，要麼畏畏縮縮，要麼咄咄逼人。這兩種表現從表面上看截然相反，實際上卻同根同源，都是為了追求他人的認可。他們幾乎沒有社會情感，一是因為他們對生活灰心喪氣，不相信自己有能力為社會做出貢獻；二是因為他們把自己的社會情感用來服務於個人目的，他們希望成為領導者或英雄人物，贏得世人關注。

自卑感的矯正：
重點是不讓兒童喪失信心

如果一個兒童多年來一直有錯誤的發展方向，我們就不能期望只透過一次談話就改變他的生活方式。教育者要有耐心。如果一個兒童努力要獲得進步，可是卻停滯不前，老師就需要向他解釋清楚──進步不可能一蹴而就。這樣的解釋可以讓兒童不喪失信心，達到安心的效果。比方說，一個兒童兩年來數學成績一直很差，那他就不可能在兩週內提高成績。不過，可以肯定的是，成績總會提高的，因為一個正常的、有信心的兒童能夠彌補任何錯誤。眾所周知的是，一個孩子能力的欠缺是因為總體人格的發展走上了錯誤的道路，他的人格結構偏離了常態，並漸漸陷入困境。幫助這些有行為問題的兒童是能產生效果的，前提是他們不存在天生的智力障礙。

兒童能力欠缺，或表面上呆笨、漠然，並不能說明他有智力障礙。因為智力有障礙的兒童在大腦發育不正常的同時，身體也有缺陷。有時，身體缺陷會隨著時間流逝而消

第五章　兒童的自卑情結

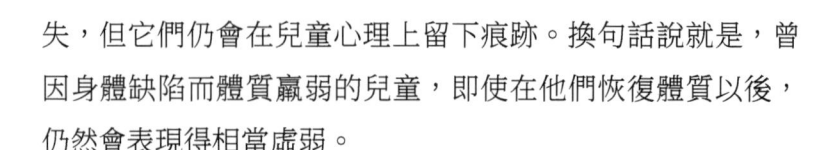

失，但它們仍會在兒童心理上留下痕跡。換句話說就是，曾因身體缺陷而體質羸弱的兒童，即使在他們恢復體質以後，仍然會表現得相當虛弱。

進一步來說，兒童的自卑感和自我意識的形成，可能緣於器官缺陷或身體羸弱，也可能是成長環境造成的。比如說，家長對兒童的教育方式錯誤。不論缺乏慈愛還是管教太嚴，都會讓兒童認為生活本身就是一場災難，從而仇視周圍環境。這類情況產生的心理缺陷和由於身體缺陷引起的心理缺陷，雖說不完全相同，起碼也是相似的。

可想而知，要治癒那些成長過程中缺乏慈愛的兒童將會困難重重。他們會以看待那些傷害他們的人的方式來看待我們，任何督促他們進步的努力都會被理解為對他們的限制。他們總是感到被束縛，並且一旦有機會就會反抗。他們對自己的夥伴也不能保持平常心態，因為他們對那些童年幸福的孩子充滿嫉妒。

這些心懷怨恨的兒童通常會充滿破壞欲。他們缺少面對困境的勇氣，因此會透過欺負弱小來填充自身的無力感，或者透過虛偽的示好來滿足自己的優越感。只有當別人願意接受他們控制時，他們的友好態度才會維持下去。這類兒童在交友方面很極端，他們要麼與那些處境比較差的兒童交往，要麼與那些比他們年紀小、比他們貧窮的兒童交往，就像有

些成年人只和遭遇不幸的人交往一樣。這種類型的男孩有時願意與那些非常溫柔、順從的女孩交往，這當然不是因為異性的吸引力，同樣是為了填充自己的無力感。

第五章　兒童的自卑情結

第六章
如何避免兒童產生自卑情結

> 兒童與生俱來的潛能並不決定一切,我們成年人對於他們處境的評價和判斷也不重要。重要的是,我們要以兒童的角度看待他的處境,從他的錯誤判斷中理解他。

第六章　如何避免兒童產生自卑情結

兒童對外在環境的評價：
從兒童的角度看待他的處境

有的孩子學習走路會花費很長時間，但只要學會了就能正常行走，那他一般不會產生自卑情結。但是，對於一個其他方面發育正常的孩子來說，長時間的行動不便會在他心裡留下深刻印象。即使他的症狀在日後消失，他還是會對自己的處境悶悶不樂，甚至形成悲觀的人生態度。

許多得過佝僂病的兒童痊癒後，仍飽受後遺症的困擾：O形腿，行動笨拙，肺黏膜炎，脊柱彎曲，膝蓋腫大，關節乏力，體態不良等。這些兒童在患病期間形成的失敗感和由此產生的悲觀的人生態度會影響他們一生。這些兒童在看到夥伴們行動自如的時候，會感受到一種壓抑的自卑感。他們要麼完全喪失信心，很少努力追求進步；要麼感到處境絕望，不管三七二十一地拚盡全力去追趕那些比自己幸運的夥伴。顯而易見，這些兒童並沒有正確認識和判斷自己的處境。

事實上，兒童成長的決定因素既不是天賦，也不是客觀環境，而是他對外在現實的看法，以及他對自己和這種現實關係的理解。兒童與生俱來的潛能並不決定一切，我們成年

兒童對外在環境的評價：從兒童的角度看待他的處境

人對於他們處境的評價和判斷也不重要。重要的是，我們要以兒童的角度看待他的處境，從他的錯誤判斷中理解他。我們不能期待兒童的所作所為合乎邏輯，也就是符合成年人的常識。我們還應當了解到，兒童在理解和掌握自己的處境時會出錯。的確，我們必須記住：如果兒童不會出錯，那麼對他們的教育也就無從談起；如果兒童犯錯是天生注定的話，我們也不可能教育或糾正他。因此，如果一個人相信性格特點是與生俱來的，他就不能夠也不應該從事教育兒童的工作。

第六章　如何避免兒童產生自卑情結

學習的能力：
技能表現揭示兒童的自卑感

　　健康的心靈寓於健康的身體——這個觀點並不準確。健康的心靈也能寓於不健康的身體中，一個兒童雖然身體上有缺陷，但如果他能勇敢地面對生活，他就擁有一顆健康的心靈。相反，如果一個兒童身體健康，但由於遭遇了一些不幸，導致他對自己的能力產生了錯誤看法——任何一個失敗都會導致他認為自己無能，這類兒童對困難異常敏感，並把每一個障礙都視為自己無能的證明。

　　一些兒童除了學步遇到困難以外，學說話也不輕鬆。兒童學說話通常應該和學步同時進行，雖然這兩件事情互不相關，但家庭環境和對孩子的教育方式都直接影響著這兩種能力的發展。一些本來學語不那麼困難的兒童，因為家人忽視幫助他們，所以就耗費了很長時間。毫無疑問，如果一個兒童既沒有聽力問題，發音器官又完好無損，那他到了一定年齡就理應掌握說話的能力。當然，還會有其他的情況，比如在某些情況下，一些兒童在視覺方面特別敏銳發達，他的語言能力的發育就會比較遲緩。

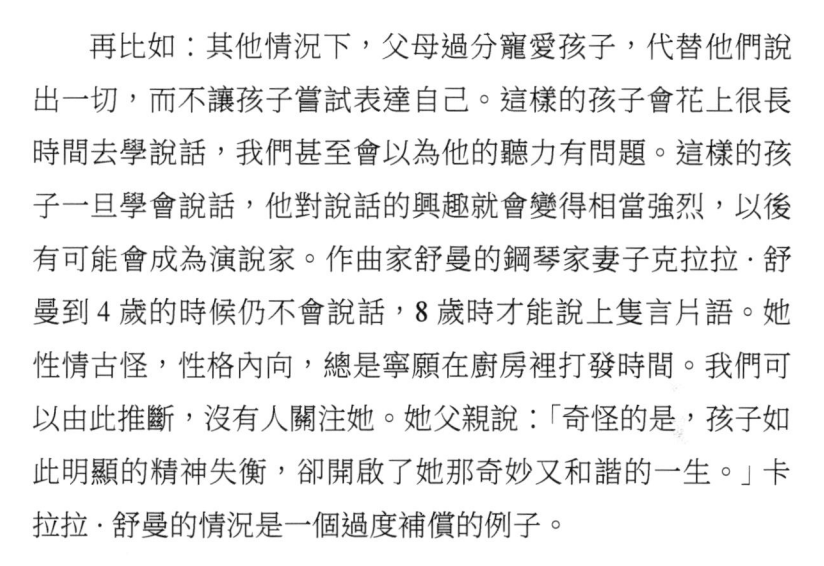

學習的能力：技能表現揭示兒童的自卑感

再比如：其他情況下，父母過分寵愛孩子，代替他們說出一切，而不讓孩子嘗試表達自己。這樣的孩子會花上很長時間去學說話，我們甚至會以為他的聽力有問題。這樣的孩子一旦學會說話，他對說話的興趣就會變得相當強烈，以後有可能會成為演說家。作曲家舒曼的鋼琴家妻子克拉拉‧舒曼到4歲的時候仍不會說話，8歲時才能說上隻言片語。她性情古怪，性格內向，總是寧願在廚房裡打發時間。我們可以由此推斷，沒有人關注她。她父親說：「奇怪的是，孩子如此明顯的精神失衡，卻開啟了她那奇妙又和諧的一生。」卡拉拉‧舒曼的情況是一個過度補償的例子。

值得注意的是，**聾啞**兒童應該得到特殊、專門的訓練和教育，因為事實證明，完全耳**聾**的例子並不多。兒童的聽覺無論存在多大缺陷，他尚餘的聽覺能力都應該得到最大限度的開發。大衛‧卡茨教授就做過這方面的實證：那些被視為缺乏聲樂感的兒童經過訓練，最後都能夠很好地欣賞音樂和聲音的美。

通常情況下，有些兒童成功地掌握了大多數的科目，但某一個科目卻糟糕至極──通常是數學，這甚至令人懷疑他們的智力水準。那些數學不好的兒童可能曾經被這一科目唬住了，從而喪失了信心，不願意再在這一方面下功夫了。在一些家庭，人們以不懂數學為榮，特別是藝術家家庭當中。

第六章　如何避免兒童產生自卑情結

◆◆◆

除此之外，還有一種普遍的觀點，男孩比女孩更擅長數學。這個觀點也是錯的，很多女性都成了優秀的數學和統計學專家。人們常說，「男孩比女孩更擅長計算」，女孩聽到這樣的話自然就會感到洩氣。

一個兒童是否能熟練應用數字，是一項心理學上的重要指標，因為數學是為數不多的給予人安全感的學科之一。透過一系列的思考，它把紛亂無序的世界以數字的形式穩定下來。那些具有強烈不安全感的人通常都不擅長計算。

其他科目也是如此。寫作能把存在於人內在意識的東西表述在紙上，給予寫作者安全感。繪畫將轉瞬即逝的光學印象永久保留下來。體操和跳舞的人表示也獲得了一種身體上的安全感，尤其透過對身體有把握的控制，也多少得到精神上的安全感。或許，這就是那麼多的教育者都相信運動帶給孩子好處的原因。

兒童學游泳有障礙，這是兒童自卑感的一個明顯表現。如果兒童能輕而易舉地學會游泳，表示他也有能力克服其他困難。如果兒童學游泳遇到很大困難，就表明他對自己和游泳老師都缺乏信心。值得注意的是，很多剛開始學游泳吃力的兒童後來都成了優秀的游泳者。這可能是因為他們對初學時遇到的困難耿耿於懷，學會游泳後，受此激勵，希望能完美地掌握這一技藝，因此成了游泳高手。

行為背後的意義：
應重點關注的兒童行為問題

　　了解孩子是只和一個人保持親密關係，還是能和多個人保持親密關係，是很重要的。通常，孩子對母親依戀最深，或者是家庭中的另一個成員。每個兒童都有這種能力，除非他有智力障礙。如果孩子由母親撫養長大，他依戀的卻是另一個人，這就要好好探究其中的原因了。很明顯，任何孩子都不應該把所有感情和注意力都集中在母親一個人身上，因為母親最重要的任務就是把孩子的興趣和信任擴展到其他人身上。

　　祖父母在孩子的成長中也扮演著重要的角色——通常都是溺愛和縱容孩子。因為老年人由於擔心自己不再被需要而形成了一種過分的自卑感，結果他們不是吹毛求疵，就是心軟和善。為了讓自己在孩子眼裡顯得重要，他們從不拒絕孩子們的任何要求。那些在祖父母家受到溺愛的孩子，不願意回到自己的家裡受約束。回家以後，他們會抱怨家裡不如祖父母的家舒適。我們在這裡提及祖父母有時在孩子成長中扮演的角色，目的是讓教育者在研究某一特定兒童的生活方式

第六章　如何避免兒童產生自卑情結

時，要綜合考慮這一重要事實。

兒童由佝僂病引起的動作笨拙（見附錄 1 心理問卷問題二），在很長時間的治療後依然沒有得到改善，通常是因為他得到了太多的關心和照顧，受到過分寵愛。母親們要有足夠的教育智慧，不應扼殺孩子的獨立性，即使在孩子生病了，需要專門照顧的時候。

另一個重要的問題是，兒童是否製造了太多的麻煩（見附錄 1 心理問卷問題三）。如果情況的確如此，就表明母親太溺愛孩子了，她沒有培養孩子的獨立性。兒童故意製造麻煩通常表現在他睡覺、起床、吃飯、洗澡的時候，他們有時會出現噩夢或尿床的症狀。他們的種種行為表明他想引起別人的注意。甚至可以說，他接二連三地製造種種麻煩，就是在不斷地尋找控制家人的武器。如果一個兒童暴露出這些跡象，說明他的成長環境出了問題。此時，懲罰是沒有用的，這些孩子甚至會故意刺激他們的父母來懲罰自己，讓父母明白他們不怕懲罰。

兒童的智力發育情況也是一個很重要的問題。目前，要正確回答這個問題是很難的。有時，人們會使用「比西量表」進行測試，但它的結果並不可靠。其他智力測試也是這樣，孩子的智力是會發展變化的。一般來說，兒童的智力發育相當程度上取決於家庭環境。較好的家境能在這方面給予孩子

行為背後的意義：應重點關注的兒童行為問題

幫助，身體健壯的孩子通常也能得到較好的心智發展。不幸的是，那些心智發育順利的孩子往往被認為會從事「高水準的工作」或更好的工作；而那些發育比較遲緩的孩子只能從事體力勞動或較差的工作。許多國家還設立制度，為智力或精神發展落後的學生設立專門班級。可我們發現，這些學生大多來自貧困家庭。由此我們可以得出結論：相對窮困的孩子如果能生活在更好的環境中，他們完全能夠獲得相應的好成績。

我們還需要觀察兒童會不會因為別人的嘲笑變得灰心喪氣。一些兒童能忍受這些令人沮喪的事情，另一些兒童卻會因此失去勇氣。後一種兒童會迴避困難，不去做有益的工作，只專注於表面上的事情。如果一個兒童總是不斷跟別人吵架，他擔心如果不主動進攻別人，別人就會攻擊他，就說明這個兒童對周圍環境充滿敵意。這些兒童桀驁不馴，他們認為順從是卑下的表現。

他們認為有禮貌地回應別人的問候是一種屈辱的行為，於是總是傲慢無禮地回應別人；他們從不抱怨，因為他們將別人的同情視為奇恥大辱；他們也從不在別人面前哭泣，甚至在本該哭的時候卻笑起來——給人留下他們好像缺乏感情的印象。實際上，這只不過是因為這些兒童害怕暴露出自己的弱點。任何殘酷的行為背後都隱藏著不為人知的脆弱。真

第六章　如何避免兒童產生自卑情結

正強大的人不會對殘酷感興趣。通常情況下，這些孩子都邋裡邋遢、髒兮兮的，他們咬指甲，挖鼻孔，並且固執己見。事實上，我們需要給他們更多的鼓勵，也應該讓他們明白：他們做出這些舉動只是因為害怕表現出自己的脆弱。

第四個問題是，兒童是否能與人友好相處，他在社會交往中是個領導者還是個追隨者。這些與兒童的社交能力密切相關，還與兒童的社會感情的強弱程度或者是否有信心有關，以及與孩子控制別人的欲望有關。如果一個兒童自願與人隔絕，這代表他沒有足夠的信心與同伴競爭，但他對優越感的渴望又過於強烈，害怕在交往時會屈從他人的領導。如果兒童有收集物品傾向，說明他們想充實自己，超越別人。這種收集的傾向是危險的，因為它容易發展過度，最終變成過分的野心或貪婪。這種尋找外在支持的行為展現了兒童內心的脆弱。如果這類兒童覺得自己備受冷遇和忽視，就容易開始偷竊，因為他們比別的兒童更加敏感，更加渴望被關注。

第五個問題是了解兒童對學校的態度。我們要留意兒童上學是否拖拖拉拉，上學是否會情緒激動（這種強烈情緒通常表示不情願上學）。兒童對學校的擔憂和害怕會以多種形式表現出來：需要做功課的時候，他們會生氣憤怒，精神緊張，並由此產生類似心悸的症狀；有些特別嚴重的兒童甚至會出

現某些器官組織的變化。學校給兒童評分的制度並不值得提倡，因為有些孩子面對考試總是極度緊張。現在學校變得考試接連不斷，學生必須要全力以赴拿高分，因為低分就好像一個終生的判決。

兒童是否自願做家庭作業，還是需要家長強迫？忘記做功課說明兒童有逃避責任的傾向。兒童作業成績不好和做作業時的不耐煩通常是他們用來逃避上學的手段，因為他們更願意做其他的事情。

兒童是否真的懶惰？如果兒童沒有完成作業，他寧願把懶惰當作藉口，而不是自己能力不足。如果一個懶惰的兒童出色地完成了一項任務，他就會受到讚揚，並聽到這樣的話：「他如果不懶惰，他什麼事情都可以做好。」對於這種言論他當然很高興，因為他確信不再需要去證明自己的能力了。這種類型的兒童通常還有以下負面特徵：喪失勇氣、無精打采、三心二意、總是依賴別人。那些被寵壞的和為了吸引注意力而擾亂課堂紀律的兒童也屬於這個類型。兒童對老師是什麼態度？這個問題很難回答。孩子一般會隱藏他們對老師的真實感情。

如果一個孩子總是不斷地指責並羞辱同學，我們就可以把這個孩子故意貶損別人的行為視為他對自己缺乏信心的表現。這種孩子傲慢、挑剔，總自以為是。他們實際上是用這

第六章　如何避免兒童產生自卑情結

種態度來掩飾自己的弱點。

那些無動於衷、感覺冷漠、消極被動的兒童相對來說最難應付。他們戴著一副面具，將自己在乎的隱藏起來。這種孩子失控的時候，常常會勃然大怒，甚至試圖一死了之。他們從不會主動去做事情，除非他們接到命令。他們害怕遭遇挫折，總是高估別人，低估自己，因此這種孩子應該多受到一些鼓勵。

那些在體操和運動方面想一顯身手的兒童，往往也想在其他方面一展風采，只不過他們因為擔心失敗而不去做罷了。

那些閱讀量大於正常兒童的孩子通常也缺乏勇氣，他們希望透過閱讀來贏得力量。這種孩子雖然想像力豐富，卻沒有勇氣面對現實。還有重要的一點是，要注意兒童喜歡什麼類型的書籍：小說、童話故事、傳記、遊記或是科學著作都是很好的閱讀題材。在青春期，孩子們很容易受色情圖書的吸引。不幸的是，這樣的出版品在每個大城市的書店都有販賣。孩子日益增強的性慾和對性經驗的渴望也將他們的心思引向這一方面。我們可以採取以下措施來抵禦對孩子有害的影響：幫助孩子為成年人的角色做好準備，對孩子進行早期性啟蒙教育，父母與孩子建立親切友好的關係。

第六個問題是了解孩子的家庭情況——家庭成員是否患

有疾病，例如酒精中毒（酗酒）、精神病、肺病、梅毒和癲癇病等。

詳細全面地記錄孩子的身體狀況也很重要。如果孩子用嘴呼吸並且面部表情通常傻乎乎的，通常是由於扁桃體肥大妨礙了孩子正常呼吸。做手術來消除這種呼吸障礙非常重要，因為做了手術他就會痊癒。有時，這一信念會在孩子康復返校後，給予他更多的勇氣去應付學業。

家人患病的情況通常也會妨礙孩子的成長。父母患有慢性病會給孩子帶來沉重的心理負擔。家人患有神經和心理錯亂的疾病，會讓整個家庭感到壓抑。如果可能的話，應該盡量不要讓孩子知道家庭中有精神病患者，因為迷信的人會認為精神病會遺傳。其他疾病如肺病、癌症等也是如此。所有這些疾病都會給孩子的精神留下可怕的印象，條件允許的話，把孩子從這樣的家庭環境中轉移出來，對他們會更有好處。此外，家庭中慢性酒精中毒和犯罪傾向就像毒素一樣，讓孩子們難以抵禦。癲癇病患者通常容易激動發怒，破壞家庭的和諧氣氛。但所有疾病中最糟糕的是梅毒。梅毒患者的孩子一般都很虛弱，他們遺傳了這一疾病，在應付生活中的瑣事時，常常遭遇嚴重困難，表現出悲觀態度。

我們不能忽視的事實是，家庭的物質條件會影響孩子的人生觀。與家庭富裕的孩子相比，貧窮的孩子會有一種匱乏

第六章　如何避免兒童產生自卑情結

不足的感覺。那些原本生活在物質相對富足家庭中的孩子，一旦家庭經濟拮据，失去了往日的舒適，就會難以應對生活。如果祖父母的家境比父母要好，那種不安的感受會更加強烈，就像彼特・根特一樣，他始終認為：祖父能力超群，而父親卻一事無成。在這種家庭中成長的孩子會變得異常勤奮，這其實是他對懶惰的父親的一種抗議。

此外，兒童和死亡初次接觸的時刻過於突然，那種震撼將會影響他的一生。一個兒童如果對死亡沒有心理準備，突然地面對死亡，他就會詫異於生命有走到盡頭的時候。這種認知可能會讓他們變得灰心喪氣，或至少讓他們變得膽怯。在很多醫生的傳記裡，我們經常會發現他們選擇醫生這門職業的契機就是由於小時候突然接觸了死亡。這也是死亡對一個人造成的極大影響。因此，避免讓孩子突然面對死亡是明智的事，因為他們還不能夠完全地理解死亡這個問題。孤兒或者繼子女經常把自己的不幸歸咎於他們父母的死亡。

家裡由誰當家做主，這一點對了解孩子也很重要。家裡通常都是父親做主，也應該由父親做主。如果是母親或者繼母掌管家庭，會不利於孩子成長，而父親通常會失去孩子對他的尊敬。如果母親掌控家裡的一切，那兒子以後可能一生都無法擺脫對女人的畏懼。他長大後不是躲避女人，就是讓家裡的女人（包括妻子）心生不悅。

我們還有必要了解父母對孩子的教育方式是嚴厲的還是溫和的。個體心理學認為太嚴厲或者太溫和的教育方法都不值得提倡。正確的做法是，理解孩子，讓他們避免形成錯誤的觀念，不斷地鼓勵他們勇敢地面對和解決問題，並培養社會感情。父母對孩子過於嚴苛只會傷害他們，使孩子喪失鬥志。父母對孩子溺愛會讓他們形成依賴的心理，傾向於依附他人。父母既要避免用浪漫來美化現實，也不要用悲觀的詞語來形容它。父母的職責是盡量幫助孩子為生活做好充分的準備，讓他們能夠照顧好自己。那些不曾學會應對困難的孩子，在遇到困難時只會一味退縮，從而使自己的活動範圍越加狹小。

我們要了解管教孩子的人是誰，這很重要。母親不一定總和自己的孩子在一起，但她一定要知道是誰在管教孩子。最好的教育方式是在合理範圍內讓孩子在實踐中學習。這樣的話，孩子的行為就不會受到他人的限制，而是遵循客觀事實的邏輯。

第七個問題是，孩子在家庭處於什麼位置？這對孩子的性格有很大影響。獨生子女通常處於一個特殊的位置，有幾個姐妹的男孩或者有幾個兄弟的女孩同樣也處境特殊。

問題八：如何看待孩子對職業的選擇？這很重要，因為它顯示了環境對孩子的影響、孩子所具備的勇氣、孩子的社

第六章　如何避免兒童產生自卑情結

會感情以及生活節奏。孩子的白日夢（問題九）和對童年的記憶（問題十）也同樣意義重大。如果我們試著解釋孩子回憶中的含義，通常可以從中發現他們的整個生活方式。孩子的夢可以顯示出他的發展方向，遇到問題時他是會努力解決還是迴避。

我們還要了解孩子說話是否存在缺陷（問題十一），長相英俊還是醜陋（問題十二），身材是否標準等（問題十三）。

問題十四：孩子是否會公開談論自己的情況？有些孩子習慣吹噓來補償他們的自卑感。有些孩子則絕口不提自己的情況，他們擔心吃虧上當，或者如果暴露弱點，就會受到新的傷害。

問題十五：如果兒童在某一科目上很成功，例如繪畫或音樂，那他應該在這個基礎上受到鼓勵，爭取在其他科目上取得更好的成績。

如果孩子到了 15 歲還不知道自己想成為什麼樣的人或做什麼工作，說明他們對自己失去了信心，應該得到相應的幫助。此外，我們還要考慮到孩子家人的職業，還有兄弟姐妹間社會地位的差距。父母不幸的婚姻也會影響孩子的成長。教師的責任就是要謹慎行事，正確了解孩子和他所處的環境，並利用問卷調查所掌握的情況來矯正和指導孩子。

第七章
兒童的
社會感情及其發展障礙

> 我們可以把兒童身體上的脆弱期視為把教育和社會感情兩者連繫起來的最佳時期。由於兒童的身體不成熟，教育對於兒童是必不可少的。而要克服孩子的不成熟，只能依靠社會群體的力量。

第七章　兒童的社會感情及其發展障礙

社會情感訴求：
兒童都需要與他人建立的一種連繫

我們在前幾章裡討論了兒童追求優越感的例子，與這些例子形成對比，許多兒童和成年人都有一種把自己和他人連繫起來的願望——在與他人的合作中完成自己的任務，成為一個對社會有用的人。這種現象可以用社會感情這一術語來概括。那麼，社會感情的根源是什麼呢？這個問題存在著很大爭議。但根據本書作者至今為止的發現，社會感情和人的概念有著密不可分的關聯。

我們或許會問，比起人對優越感的追求，社會感情在某種意義上是否更接近人類的天性？這個問題的答案是，這兩者歸根到底都有著相同的核心，個體對優越感和社會感情的渴望都建立在人性的基礎上。兩者都是人們渴望獲得肯定和認可的根本表現，但這兩種表現形式不同，因為它們涉及對人性的兩種不同假設。個人追求優越感涉及的人性假設是個體可以不依賴於團體，但社會感情所根據的卻是另外一個人性假設——個體在一定程度上依賴群體和社會。從人的本性來看，社會感情無疑是優於個人追求優越感的。前者代表了

社會情感訴求：兒童都需要與他人建立的一種連繫

一種更合理、在邏輯上更為根本的觀點，而後者則是一種膚淺的看法，雖然作為一種心理現象它更常見於個人生活中。

如果想知道社會感情在何種意義上合乎真理和邏輯，那我們只需對人類的歷史做一個考察，就會發現人類總是過著群居生活。這一事實有著合理的解釋，因為單個不能保護自己的動物都會抱團取暖，以求自保。如果我們把人和獅子做個比較，就可以了解到：人類的生存很不安全。很多體型和人類相仿的動物比人類更加強壯，大自然賜予牠們更好的身體武器，用來攻擊和防禦面對的威脅。達爾文觀察到那些防禦能力不夠強大的動物都是成群結隊地出沒。例如：身體力量驚人的猩猩一般和伴侶單獨生活，但同是猿類家族中力量較弱的成員則總是集體生活在一起。正如達爾文指出的那樣，因為大自然沒有賦予某些動物諸如尖爪、利齒、翅膀等身體武器，這些動物才組成團體一起生活以彌補不足。

團體的形成不僅彌補了單個動物作為個體所欠缺的東西，還讓牠們發現了自我保護的新方法，改善牠們的處境。例如：有些猴群懂得派出猴子在前路偵察，察看是否有敵人。牠們透過這種方式集結個體的力量，以彌補團體中單一個體的能力欠缺。我們也會發現，牛群習慣集結成圓形的防禦圈以抵禦那些凶猛強大的單個敵人進攻。

研究這類問題的動物學家還指出，在這些動物群體裡，

第七章　兒童的社會感情及其發展障礙

我們經常會發現類似於法律的制度化安排。比如：派出去偵察的動物必須得按照一定的規則生活，每次差錯或者違規都會受到整個群體的懲罰。

在這一方面，許多歷史學家認為人類最古老的法律與部落的守護者有關。如果真的是這樣，那麼我們就能更直接地理解這一點：動物由於不能保護自己而形成了群體。從某種意義上說，社會感情都反映了個體身體力量的不足，並與其有著密切的連繫。因此，就人類而言，一個人的嬰幼兒和兒童時期是培養和促進社會感情的最好時期，因為他在這個階段最需要保護。

我們發現，在整個動物王國中，沒有任何動物像人類一樣在剛出生時那樣無助。正如我們知道的那樣，人類的孩子達到成熟需要的時間最長，這並不是因為孩子在長大成人前必須學會很多的事情，而是由人的成長方式決定的。孩子需要得到父母保護的時間更長，這是他們身體組織發育的需求。如果孩子沒有這種保護，人類就會滅絕。我們可以把兒童身體上的脆弱期視為把教育和社會感情兩者連繫起來的最佳時期。由於兒童的身體不成熟，教育對於兒童就是必不可少的。而要克服孩子的不成熟，只能依靠社會群體的力量。這一事實為教育提供了方向，教育的目的必然是社會性的。

在教育孩子過程中，我們所有的規則和方法，都不能忽

社會情感訴求：兒童都需要與他人建立的一種連繫

視對群體生活和社會的適應。不管我們是否意識到，那些對社會有益的行為總會讓我們產生好感，而對社會普遍不利或者有害的行為都會給我們留下不好的印象。這恰恰說明了社會群體思想在我們教育過程中的重要性。

第七章　兒童的社會感情及其發展障礙

社會情感的重要性：
直接影響語言和邏輯能力

語言是人與人之間一種溝通的紐帶，同時也是人們群居的產物。我們要想研究語言心理學只能以社會為出發點，獨居的人不會對語言產生興趣。如果孩子不去廣泛地參與社會生活，在封閉的環境中孤獨長大，那麼他的語言能力的發展就會停滯不前。只有一個人和其他人發生了緊密連繫，他才可以掌握和提高自己的語言能力。

人們通常認為，更善於表達的兒童是因為他們在言語方面有更高的天賦。這種看法並不正確。其實，學習說話或者運用語言有困難的兒童一般都是由於缺乏強烈的社會感情。

有些孩子學不好說話的原因，是因為家人的溺愛。他們還沒來得及運用語言表達自己的需求，母親就已經把所有事情做好了。因為他們沒有感覺到語言的需要，從而喪失了與外界的接觸，失去了適應社會的能力。

有些孩子不情願說話，因為父母總不讓他們把一句話說完，或者不讓他們自己回答問題；還有一些孩子在說話時曾被人取笑、諷刺，因此喪失了說話的信心。不斷地挑剔和糾

社會情感的重要性：直接影響語言和邏輯能力

正是兒童教育方面一個普遍存在的不良習慣，影響孩子的表達自由度。這樣會造成的嚴重後果：孩子會養成過於慎重的思考和表達習慣，表現為語言遲疑，沒有表達自信。例如：有些成年人在說每一句話之前總是不斷重複說「大家別見笑……」這句話。這種情況在我們的生活中很常見，可想而知，說這話的人在童年時期肯定因為說話而受到過別人的取笑。

對此，下面這個例子也能加以說明。有一個小孩能說能聽，但父母卻是聾啞人。他意外受傷時，總是默默流淚。因為他的父母只能看見他傷心流淚的樣子，而聽不到他大哭大叫的聲音。

如果沒有社會感情，人的其他能力也不能充分發展，例如理解力或者邏輯推理能力。一個與世隔絕的人並不需要邏輯，或者說他對邏輯的需求並不比其他動物多。而一個經常與他人交往的人，就必須運用他的語言、邏輯和常識，來發展或者獲得社會感情。這是所有邏輯思考的最終目標。

有時候，有些人的行為看似很愚蠢，但如果結合個人目標，他們的行事實際上很明智。這種情況經常發生在那些總認為別人和他們看待問題的方式一樣的人身上。這告訴我們，社會感情或者常識這一因素在行為判斷方面有多麼重要（更不必說，如果社會生活比較簡單，不會給個體帶來這麼

第七章　兒童的社會感情及其發展障礙

錯綜複雜的問題,那就沒有必要培養常識了)。我們也能想像到,原始人停滯在原始水準,是因為他們的生活環境相對簡單,使得他們的思想在深度和廣度上沒有得到進一步發展。

社會感情在培養人的語言能力和思維能力上發揮著至關重要的作用,而人將這兩種能力視為神聖的。如果每個人都試圖無視他所生活的社會,解決自己的問題,或者運用只有自己能理解的語言,那麼整個社會就會陷入混亂。社會感情給予所有個體一種安全感,這成為他們生活中的主要支柱。這種安全感或許不同於我們從邏輯思考和真理中獲取的信心,但它也是這種信心不可或缺的組成部分。為什麼數學計算能得到所有人的信任,以至於我們都傾向於認為只有用數字表達的東西才真實和精確呢?這是因為數學運算更易於向別人傳達,同時我們的大腦進行這些數字運算也更加容易。對於那些無法傳達的,或者無法與人分享的真理,我們總是不太信任。顯然,這也是柏拉圖試圖賦予他的哲學思想以數字和數學的形式的原因。柏拉圖讓走出「洞穴」的哲學家重新回到「洞穴」,與他的同伴在一起,我們從中可以更清楚地理解他的哲學和社會感情之間的密切關係。柏拉圖認為,即使是哲學家,如果缺乏社會感情所帶來的安全感,那他也不會懂得如何正確生活。

沒有安全感的兒童在與他人交往或者獨立完成某項任務

社會情感的重要性：直接影響語言和邏輯能力

時，他們缺乏安全感這一事實就會表露出來。此外，他們在學習中也會表現出這方面的問題，尤其學習那些需要進行客觀、邏輯思考的學科，例如數學。

在童年時期，孩子通常是以片面的形式學習各種觀念（例如：道德感、倫理等）的。對於一個注定要獨居的人來說，倫理是沒有意義的，他們也無法理解。只有當我們將社會和他人的權益考慮在內時，才會有道德的觀念，道德價值也才會有意義。不過，在審美和藝術創作方面，要想證實這一觀點有些困難。但哪怕是在藝術領域，也存在一種普遍的、統一的模式，它來源於人們的感受對健康、力量、正確的社會發展等的理解。毫無疑問，藝術的界限存在較大的彈性，同時也為個體的趣味提供更廣泛的空間。但總體上，藝術和美學都遵循著社會的發展方向。

第七章　兒童的社會感情及其發展障礙

社會情感的發展：受外在環境的影響

如果有人提出實際的問題：我們怎樣才能確定兒童社會感情的發展程度呢？我們的回答是，需要透過觀察兒童的某些行為表現來確定。例如：如果我們看到，一個兒童在追求優越感的時候努力表現自己，不顧及他人的感受，那麼我們可以肯定，他們比不這樣做的人更缺乏社會感情。在我們當今的社會，不追求個人優越感的孩子是很少見的。但是，兒童的社會感情通常得不到充分的發展。人類的批判者──從古至今許多道德學家，都批判過這種情況。這種批判一般透過道德說教的形式來表達，但對兒童和成人都發揮不了什麼作用，因為道德說教的影響太小了。人們最終只能這樣自我安慰：別人比自己也好不了多少。

如果一個孩子思維混亂，甚至形成了有害的思想或者犯罪的傾向，那麼和他打交道時，我們就要了解到，長篇大論的道德說教已經對他幾乎沒有效果。在這種情況下，我們應該進行深入探究，從根源上清除這個孩子的錯誤想法。換句話說，我們不能把自己當成道德法官來審判他們，而是要爭取成為他們的夥伴或者治療師。

社會情感的發展：受外在環境的影響

　　如果我們不斷地告訴一個兒童他很壞、很蠢，用不了多久他就會信以為真，並最終不再有足夠的勇氣去解決自己遇到的問題。結果就是，無論這個兒童嘗試做什麼事都以失敗告終，他更加確信自己是蠢笨的。他不會明白，是周圍的環境摧毀了他的信心。在不知不覺中，他會用行為去證明別人對自己的錯誤判斷是正確的。這個孩子會感覺自己不如別人能幹，才能相當有限，發展的可能性也很小。他的這種態度充分地表現出他消極的心境，這種心境的形成和他周圍不良環境帶來的影響直接相關。

　　個體心理學試圖證明，從兒童所犯的錯誤中可以看出環境對他產生的影響。例如：一個邋裡邋遢、雜亂無章的孩子，在他的背後總有一個隨時幫他把東西收拾整齊的人；一個謊話連篇的孩子總是深受一個盛氣凌人的成年人影響——這個成年人總想用嚴厲的手段糾正他撒謊的毛病。我們甚至可以從孩子喜歡吹牛的習慣中發現環境影響的蛛絲馬跡。喜歡吹牛的孩子一般都渴望得到別人的讚揚，而不是成功地完成自己所有的任務；在追求優越感的過程中，他無時無刻不渴望得到家人的肯定。

第七章　兒童的社會感情及其發展障礙

出生順序：家庭環境對孩子的影響

　　父母經常會忽略或者誤解孩子在家庭中各種不同的處境。在有兄弟姐妹的家庭裡，每個孩子的處境各不相同。第一個孩子的位置很特別，因為他曾經有段時間是家裡唯一的孩子。第二個孩子無法體會這種經歷。么子的經歷也不是每個孩子都能體會的，因為他在一段時間裡是家庭最小最弱的人。如果兩兄弟或兩姐妹一起長大，年長的且能力較強的孩子已經克服了某些困難，但年幼的孩子仍然要面對這些困難。兩個孩子中，年幼的孩子就處在相對不利的位置，並且他能感覺到這一點。為彌補這種自卑感，年幼的孩子會更加努力，想要超越他的哥哥或者姐姐。

　　通常長時間研究兒童的個體心理，我們就能夠判斷出孩子在家庭裡所處的位置。如果年長的孩子取得正常的進步，而年幼的弟弟或妹妹會因為受到刺激而更加努力地去追趕哥哥或姐姐。這樣造成的結果就是年幼的孩子表現得更加活躍勤奮，也更加咄咄逼人。如果年長的孩子較弱，並且沒有得到很好的發展，那麼，年幼的孩子就不會全力以赴地與他競爭。

出生順序：家庭環境對孩子的影響

所以，確定一個孩子在家庭中的位置非常重要，因為要想全面地了解這個孩子，就必須了解他在家庭中所處的位置。家裡的么子表現出的跡象會準確無誤地告訴我們他是家裡最小的孩子。當然，也會出現例外情況。最小的孩子通常躍躍欲試，渴望超越所有的兄弟姐妹，他們的感情和信念激勵他們不斷努力，使自己比其他人都做得好。

觀察孩子的這些情況對如何教育孩子意義非凡，因為我們的教育方法必須因人而異。對所有孩子都採用千篇一律的教育方法是行不通的，每個孩子都是獨一無二的。當我們依據一定的標準將孩子們分類時，必須注意要把每個孩子當作一個個體來對待。當然，學校很難做到這一點，但在家裡完全可以輕鬆做到這一點。

第七章　兒童的社會感情及其發展障礙

家中最後一個孩子的共性：
么子性格的發展及障礙

通常，家裡的么子總想引起人們注意、從眾人中脫穎而出，並常在很多時候都會獲得成功。這一點特別重要，因為它極大地動搖了「心理特徵具有遺傳性」的觀點。如果不同家庭中的么子們都有那麼多的相似之處，遺傳的說法就更難以讓人相信了。

還有另一種類型的么子和上述的積極主動型的孩子完全相反，他們徹底喪失信心，變得極為懶惰。這兩種類型的孩子表面上的差別可以從心理學上進行解釋。急切渴望超越他人的人比起任何人都更容易受到困難的打擊，他的野心讓他悶悶不樂，當困難看似難以踰越的時候，他比那些胸無大志的人更加容易退縮逃避。關於這兩種類型的孩子的人格化特徵，可以用一句拉丁俗語來形容，那就是「要麼全有，要麼全無」。

在《聖經》裡面，我們可以找到關於么子的精采描述和我們的經驗相一致，例如約瑟夫、大衛等的故事。也有人對此提出異議：約瑟夫也有一個弟弟——班傑明，但他出生時，

家中最後一個孩子的共性：么子性格的發展及障礙

約瑟夫已經 17 歲了。所以，約瑟夫也可以納入么子一類。對於么子成就的描述，不僅是《聖經》，我們還可以從神話故事找到許多例子。在所有的神話故事裡面都是如此，么子都超越了他的哥哥和姐姐，在德國、俄羅斯、斯堪地那維亞和中國的神話故事裡面，么子也都是征服者。這絕不可能是簡單的巧合。這可能是因為在古代，么子的形象比起今天更加突出鮮明。在原始的條件下，么子這類人物更容易受到人們的關注，所以對這種形象也能被更好地觀察和記錄。

第七章　兒童的社會感情及其發展障礙

家中第一個孩子的共性：
長子性格的發展及障礙

　　對於孩子形成的與其在家庭所處的位置相符的性格特徵，這方面還有很多地方值得探究。家裡的長子們通常也有許多共同特徵，我們根據這些特徵可以將其分為兩個或三個主要類型。

　　我曾花費了很長時間來研究有關長子的問題，但一直未能得到很清晰的認知，直到我無意中讀到馮塔內自傳中的一段文字。馮塔內在書裡描繪到，他的父親是個法國移民，參加了一場波蘭對俄國的戰爭。當他的父親讀到一萬名波軍打敗了五萬名俄軍，俄軍丟盔棄甲落荒而逃時，父親總是非常高興。馮塔內不能理解父親為什麼這樣高興，與父親恰恰相反，他認為五萬俄軍強於一萬波軍是理所當然的，「如果不是這樣，我會很不高興，因為強者畢竟是強者。」讀到這段文字時，我們可以立刻得出這樣一個結論：「馮塔內是家裡的長子！」因為只有長子才會說出這樣的話。馮塔內還記得，當他還是家裡唯一的孩子時，他在家裡擁有強大的權力。當他位置受到一個更弱小的人（弟弟、妹妹）威脅，他覺得這是一

件不公平的事情。事實上，我們可以發現，長子們的性格特徵通常都比較保守，他們相信權力、規則和法律。他們傾向於公開地、問心無愧地接受專制主義。他們對權位持有積極肯定的態度，因為他們曾經也處於那樣的位置。

正如我們所說的，凡事都有例外，長子也是這樣。有一個例子值得在這裡提及：

在一個有兩個孩子的家庭裡，長子有了妹妹以後，他的長子角色就開始蒙上悲劇的色彩。

不用說我們都知道，這個男孩的不知所措、灰心喪氣，都與年幼而聰明的妹妹有關。這種情況頻繁發生並非出於偶然，它可以得到完全合理的解釋。要知道，在我們當今的時代，人們普遍認為男人比女人更重要。因此，父母通常會對長子寵愛有加，抱有很大的期望。他處於有利的環境中，這種情況一直持續到妹妹的出現。這女孩面臨的是這樣的一個處境，一個被寵壞的哥哥視她為一個可惡的入侵者，要與她奮力鬥爭。

這種處境會刺激她奮發努力，並且如果她能保持下去，這種刺激就會影響她的一生。哥哥對女孩的快速成長感到害怕，他會因為男性優越的神話破滅而惶恐不安。而且人類的發育遵循這樣一個規律，女孩子在 14～16 歲期間思想和身體都發育得比男孩快。於是，哥哥心中的不安最後可能導致

第七章　兒童的社會感情及其發展障礙

◇◇◇

他對自己完全喪失信心和勇氣，變得自暴自棄，安於現狀。他會找各種藉口來應付，或者故意替自己設定障礙，目的就是掩蓋自己放棄努力的事實。

許多這樣的長子變得手足無措，缺乏自信，莫名其妙的懶惰或者神經兮兮，其原因就在於他們感到自己的能力不足以和妹妹競爭。在我們的生活中，這種男孩也很常見。他們有時候對女性的憎恨會令人難以置信。他們的命運往往有些悲慘，因為很少有人能理解他們的處境，並向他們做出合理的解釋。有時候事情會變得更糟糕，父母和其他家庭成員甚至抱怨說，為什麼會出現這樣的情況呢？為什麼男孩不是女的，女孩不是男的呢？

那些生活在眾多姐妹中的唯一男孩也有這種特徵。在女多男少的家裡，很難形成一種女性主導的家庭氛圍。這個男孩有可能備受家中所有人的寵愛，也有可能受到家中所有女性的排斥。這兩種男孩的情況不同，他們的發展道路自然也各不相同。但他們的性格中還是會存在一些相同點。人們普遍認為，不應該只由女性來撫養和教育男孩。這個觀點不能只從字面上理解，它的真正含義在於，男孩不能只在女人較多的環境中成長。這個觀點並不是對女性持反對意見，而是反對那些在這種環境中產生的誤解。

在男性環境中長大的女孩也是如此。那些女孩往往會受

家中第一個孩子的共性：長子性格的發展及障礙

到男性的歧視，造成的結果就是她試圖透過模仿男孩來取得平等，但這樣的做法會給她以後的生活帶來不良的影響。一個人無論多麼寬容，他都不可能贊同這一觀點：應該採用教育男孩的方式來教育女孩。人們在短時間內這樣做還不會產生太大的影響，但某些難以避免的影響不久就會顯現。

男人們在生活中扮演與女性不同的角色，這是由身體構造決定的。這一點在選擇職業的時候也很重要。對自己的性別不滿的女孩有時候會很難適應那些為女人而設的工作。對於婚姻和家庭，女性的角色教育和男性不同。對自己的性別不滿的女孩通常對婚姻持反對態度，認為婚姻會傷害她們的尊嚴。或者，即使結婚了，她們在婚後也會試圖占據支配地位。這些問題也同樣會出現在從小接受女孩式教育的男孩身上，他們也很難適應我們現在的社會文化和這種文化對他們的期待。

在考慮這些問題的時候我們不要忘記，一個人的生活方式通常在4～5歲的時候就已經形成。所以，在這段時間必須要培養他們的社會感情和社會適應能力。到了5歲時，一個人對世界的觀念通常已經確定並固定下來了，並在今後都大致向著這個方向發展——他對外在世界的感知保持不變；並且會受到自己原有觀念的束縛，不斷重複早已形成的心理機制和由此產生的行為。一個人的精神視野制約著他的社會感情發展。

第七章　兒童的社會感情及其發展障礙

第八章
兒童在家裡的地位：
不同情境下
兒童的心理及其矯正

> 如果兒童對某一情境或對解決某一困難的能力做出了錯誤的判斷，這一錯誤的判斷就會一直影響他的行為。只要這一錯誤判斷未被矯正，即便在他成年後，有再多的邏輯和常識，也無法改變行事方式。

第八章　兒童在家裡的地位：不同情境下兒童的心理及其矯正

自動定位：影響兒童性格的家庭環境

我們知道，孩子會不知不覺地形成一套對自己所處環境位置的看法，他們的成長與這種看法是一致的。

在一個家庭中，由於老大、老二、老三所處的位置不同，他們的成長方式也各不相同。兒童早期的這種處境可以看作是對其性格的磨練和塑造。

對兒童的教育應該早些進行。隨著兒童的長大，他會形成一套自己的行為模式，用來指導自己的行為。如果兒童年齡尚小，我們只能發現他行為模式的一些端倪。數年後，他的行為模式就會形成並固定下來。他的行為和反應不再是客觀的，而是受到自己的生活經驗的支配。如果兒童對某一情境或對解決某一困難的能力做出了錯誤的判斷，這一錯誤的判斷就會一直影響他的行為。只要這一錯誤的判斷未被矯正，即便在他成年後，有再多的邏輯和常識，也無法改變行事方式。

在成長過程中，兒童會形成一些主觀和獨特的東西。教育者應該去了解兒童的個性，並因材施教。這是因為，由於個性不同，即使用完全相同的方法教育兒童，在不同的兒童

自動定位：影響兒童性格的家庭環境

身上也會有不同效果。

如果兒童對於一種情境的反應幾乎相同，我們也不能認為這是自然法則。實際上，當孩子對情境的理解和認知不夠深入時，他們往往會做出相同的反應，犯同樣的錯誤。

通常認為，當一個家庭中有小寶寶出生時，他的哥哥或姐姐會心生嫉妒。對於這一普遍觀念，人們一般有兩種反駁意見：一種反駁意見認為有很多反例（哥哥或姐姐不嫉妒的情況）；另一種反駁意見認為，如果我們能夠引導兒童對弟弟或妹妹的到來有一個正確的認知，那麼他們就不會嫉妒。

在這方面有錯誤觀念或錯誤行為的兒童就好比站在岔路口前，不知道該何去何從。如果他走對了方向，並抵達目的地，就會驚訝地聽到別人說：「幾乎所有徘徊在這條小路上的人都迷路了。」這些充滿誘惑的岔路口以便利的優勢，引誘著徘徊在路口的孩子步入歧途。

還有一些情況也會在相當程度上影響兒童的性格。在一個家庭中，我們經常可以看到兩個孩子一個性格好，一個性格不好。對此稍加研究，我們就可以發現性格不好的孩子會特別強烈地追求優越感，他希望操控所有人，並且盡他所能地去控制周圍的環境——在家裡到處都是他的哭聲與叫喊聲。性格好的孩子恰恰相反，他安靜、謙遜，是家裡的寵兒，也是大人們為性格差的孩子樹立的榜樣。父母搞不懂為

第八章　兒童在家裡的地位：不同情境下兒童的心理及其矯正

何在一個家庭中的兩個孩子，性格會是這樣兩個極端。

我們經過調查得知，相較於性格不好的孩子，性格好的孩子用自己的表現得到更多的認可。可以理解的是，如果兩個孩子之間出現了這種性質的競爭，性格不好的孩子就不會再希冀透過更好的表現超越家庭中的好孩子，他乾脆背道而馳，越來越調皮搗蛋。經驗顯示，這類淘氣的孩子在將來有可能會有較好的發展，甚至比他的兄弟姐妹更好。經驗還告訴我們，過分追求優越感的孩子會逐漸走向極端，在學校裡就有很多這種例子。

行為問題：兒童行為和內心的背離

我們不能僅因為兩個兒童生活在相同的環境中，就預言他們在未來會變得一模一樣，因為對於每個兒童而言，他的成長環境都是獨一無二的。但兒童會互相影響，性格不好的兒童會對性格好的兒童影響很大。在實際生活中，很多兒童在一開始表現得很好，後來卻變成了問題兒童。

下面是一個 17 歲女孩的案例：

在 10 歲之前，她一直都是模範兒童，有一個比她大 11 歲的哥哥。哥哥在家中備受寵愛，因為在 11 年間他是家中唯一的孩子。當女孩出生時，哥哥並沒有心生嫉妒，他依然以被寵壞的角色成長。女孩 10 歲時，哥哥已經長大，生活在外，好長時間才回一次家。於是，女孩變得越來越像家裡的獨生女，開始變得我行我素。她家境富裕，因為小時候的各種要求基本都能得到滿足。長大後，她的要求不像之前一樣都能得到滿足了。於是，她開始向家人發洩不滿。她利用家庭的財產信譽到處借錢，很快就欠下了一筆不小的債。也就是說，她選擇用另一種方法來滿足自己的願望與要求。當母親拒絕滿足她的要求時，她就會拋掉過去的良好表現，大哭大鬧，變得越來越討厭。

第八章　兒童在家裡的地位：不同情境下兒童的心理及其矯正

◇◇◇

　　從上述案例中，我們可以得到一個一般性結論：孩子可以透過良好的表現來追求優越感，但我們不能肯定，在成長環境發生變化後，他還能繼續有良好的表現。本書附錄Ⅰ中的心理問卷能夠全面展示孩子的性格、他的活動、他與周圍環境及與周圍的人所建立的關係。他的生活風格總會在某些方面展現出來，而且我們透過問卷調查還會發現，孩子在性格特徵、感情態度和生活風格上的表現都是為了追求優越感、提高自己的價值感以及獲取他人的尊重。

　　在學校，我們經常遇見這一類型的孩子，他們不像我們描述的這樣。他們既內向又懶惰，對知識、紀律和外界的批評一概無動於衷。他們沉浸在自己的幻想世界中，似乎絲毫不想追求優越感。但如果我們有較多經驗的話，就會發現，這種方式雖然荒謬，但也是孩子追求優越感的一種形式。他們不相信自己可以透過正常手段獲得成功，於是逃避一切提升自己的方法和機會。他們封閉自我，給人留下性格冷漠的印象，但這種冷漠不是他們的全部人格，在冷漠的背後隱藏著一個極度敏感和脆弱的心靈，為了保護自己免受傷害，他選擇用冷漠武裝自己。

　　如果能找到辦法讓這類兒童開口說話，我們就會發現，他們對自己過於專注，一直沉溺於白日夢和夢幻世界中，把自己想像成大人物或取得了大成就。在他們的夢幻世界裡，

行為問題：兒童行為和內心的背離

現實消失不見了，他們以為自己是征服眾人的英雄，或者是掌握一切權利的獨裁者，或者是解救人們於水火的戰士。不論在夢幻世界還是現實生活中，這些兒童都喜歡扮演救世主的角色。當他人遇到危險時，他們會伸出援助之手。在夢幻世界中扮演救世主角色的兒童，在現實生活中也會訓練自己扮演相同的角色，而且如果他們沒有完全喪失自信，一旦出現機會，他們就會幫助別人。

有些白日夢肯定會不時地在兒童的腦海裡重複出現。在奧地利君主時期，許多孩子都有過這樣的幻想——有一天能夠拯救國王或王子。他們的父母對孩子的這種想法毫不知情。我們可以看到，那些過於沉溺在白日夢裡的孩子不能適應現實，他們往往無法把自己發展成一個有用的人。在這種情況下，現實和幻想之間有巨大的差異。有一些孩子會採取折中的做法：他們一邊沉迷於夢幻世界，一邊在努力適應現實。有一些孩子完全不會為適應現實做任何努力，並且會越來越脫離現實，完全沉浸在自己的夢幻世界中。還有一些孩子對幻想的世界一點也不感興趣，他們注重現實生活，就算讀書，也只選擇與現實有關的題材，例如旅行、狩獵和歷史等。

毫無疑問，一個孩子不僅要有一定的想像力，同時還要願意去適應現實。但我們應該知道，孩子看待這些事情的方

第八章　兒童在家裡的地位：不同情境下兒童的心理及其矯正

式與成年人有差異，他們傾向於把世界劃分為兩個極端。我們要想深入理解孩子，就一定要記住，兒童都把世界劃分為兩個對立的部分（上或下，優或差，有或無，都好或都壞，聰明或笨拙，全有或全無）。其實，有些成年人也會採用這種對立的認知方式。我們都知道，要擺脫這種認知方式也比較難。例如：儘管我們知道冷和熱的區別只是溫度的不同，但我們還是把它們看作是對立的。

不僅只有兒童有這種對立的認知方式，在人類哲學的初級階段也存在這種認知方式。對立的認知方式曾在古希臘哲學的早期占主導地位。就算在今天，很多哲學家依然在用對立的認知方式來衡量價值。有些人還確立了一些性質完全對立的公式，如生對死，上對下，男對女等。兒童的這種認知方式和古老哲學的認知方式有很多相同之處。我們也可以由此推斷，那些習慣將世界劃分為對立兩面的人，還保留著兒童時期的思維特徵。

理想化的思維方式：
兒童傾向於非黑即白地看待問題

「有或無」是對立認知人群最常使用的公式，用一句格言來描述就是「要麼全有，要麼全無」。這種想法在這個世界根本行不通，但很多人還是按照這個想法去生活。要麼全部擁有，要麼一無所有──這對於我們人類來說是不現實的。實際上，在這兩個極端之間還存在許多層次和等級。我們發現，用這種方式思考的人，特別是兒童，他們一方面非常自卑，一方面又野心勃勃。歷史上的這種例子並不少見，例如在謀取王位時被朋友殺害的凱撒。

兒童的很多古怪性格特徵，如固執、偏激等，都根源於這種「要麼全有，要麼全無」的認知方式。在兒童的生活中也有很多這方面的例子，因此我們可以得出結論：這些兒童形成了自己的個體哲學，或者養成了與常識相左的思維模式。一個非常任性的 4 歲女孩的例子可以說明這個問題：

有一天，這個小女孩的母親給她一顆柳丁，她接過來之後轉手就把它摔到地上，並說：「妳給我的東西，我都不喜歡；我喜歡什麼，會自己去拿！」

第八章　兒童在家裡的地位：不同情境下兒童的心理及其矯正

那些懶惰的兒童無法擁有全部，就會沉溺於一無所有的夢幻世界中，但我們不能立刻判斷這些孩子無可救藥。我們知道，特別敏感的孩子很容易逃避現實，躲到自己建構的夢幻世界中，因為那裡可以給他提供保護，使他免受傷害。但這種逃避不一定說明他們完全無法適應現實，不能融入社會。

很多人都需要與現實保持一段距離，比如作家、藝術家。科學家也需要，因為他們需要具備良好的想像能力。但不切實際的幻想只可以幫助人們繞過生活中的不愉快和可能遭遇的失敗。我們要記住，正是那些擁有超凡想像力，並且能把想像和現實相結合的人才能夠成為人類的領袖。

他們能夠成為領袖，不僅因為接受了較好的教育，具有敏銳的洞察力，還因為他們勇敢面對並成功戰勝了生活中的困難。許多偉人的事蹟告訴我們，儘管他們在小時候不夠重視現實，學習也不怎麼出色，但他們養成了深刻的洞察力。一旦條件成熟，他們能夠鼓足勇氣，面對現實，奮發圖強，成就一番偉業。

當然，如何將兒童培養成為偉人並無章法可循，但我們需銘記：對待兒童千萬不能粗暴、魯莽，而應該一直鼓勵他們，不斷向他們解釋現實生活的意義，縮小他們的幻想與現實生活之間的距離。

第九章
新環境可以
檢驗兒童的準備情況

> 當個體進入一個新環境時,他隱藏的性格就會表現出來。如果可以直接對個體進行測試,我們可以讓他們進入一個全新的、意外的環境中,來觀察他們的人格發展情況。由於他們在新環境中的行為必定與過去的性格相吻合,我們可以就發現在一般情況下難以捕捉到的性格特徵。

第九章　新環境可以檢驗兒童的準備情況

新環境的影響：
環境轉變是了解兒童性格的最佳時刻

個體的心理生活具有統一性，人格的各種表現都是互相吻合、前後一致的。同時，個體的心理生活還具有連續性，在時間軸上是連續展開的，不會出現突然性的跳躍。現在和將來的行為與過去的行為趨向一致，說明個體的將來與過去相連，受到過去的影響。但這並不是說，一個人的一生完全被經驗和遺傳機械地確定了下來。但是，我們也不能把過去和現在割裂開。我們不可能突然之間完全改變自己，儘管我們本來就不清楚所謂的自我到底是什麼樣子的。也就是說，我們對自己的潛力和天賦缺乏清晰的認知，直到我們發揮出來的那一刻。

由於人格的發展具有連續性，所以透過教育改善人格，並在某一特定的時刻檢測兒童的性格發展情況都是可能的。當個體進入一個新環境時，他隱藏的性格就會表現出來。如果可以直接對個體進行測試，我們可以讓他們進入一個全新的、意外的環境中，來觀察他們的人格發展情況。由於他們在新環境中的行為必定與過去的性格相吻合，我們就可以發

新環境的影響：環境轉變是了解兒童性格的最佳時刻

現一些難以捕捉到的性格特徵。

通常來說，在兒童的成長環境發生變化時，我們最容易了解他們的性格。比如：剛開始上學或者家庭條件突然變化的時候。

我們曾仔細地觀察過一個被收養的兒童。他性格暴躁，舉止無常。在談話中，他沒有好好回答過我們的問題，總是說一些與問題無關的東西。了解這個孩子的整體情況後，我們得出結論：雖然這個孩子已經與養父母相處了好幾個月，但還是對養父母充滿敵意，他不喜歡養父母家。

這是我們得出的唯一結論。對此，孩子的養父母搖頭否認，認為自己對這個孩子非常好，之前沒有人對他這麼好。但這不是問題的關鍵。我們經常聽到父母說：「我們在孩子身上用了很多辦法，軟硬兼施，但就是沒有效果。」由此可見，父母僅僅對孩子好是不夠的。即使孩子對父母的善意有所回應，我們也不能據此判斷他們已經改變。在孩子看來，這種善待可能只是暫時的，他們的處境並沒有真正改變，一旦得不到這種善待，他們就會馬上恢復到之前的狀態。

在這種情況下，了解這個孩子的感受和想法非常有必要，我們不能只信他養父母的話。我們告訴他的養父母，這個孩子覺得跟他們在一起並不幸福。雖然我們也不能確定孩子的感受有沒有合理的根據，但可以肯定的是這期間一定發

第九章　新環境可以檢驗兒童的準備情況

生過什麼，導致孩子不喜歡養父母。我們還對他的養父母說，如果他們無力扭轉孩子的錯誤做法，無法贏得孩子的愛，就只能把孩子交給別人撫養，因為這個孩子很可能因為自己被束縛太多而做出反抗。後來，我們聽說這個男孩變得越來越暴躁，儼然成了個危險人物。

如果養父母能友善地對待這個孩子，他或許會稍微收斂一點，但這遠遠不夠，因為他不會明白整個事情的根源。在收集更多的資訊後，我們弄清楚了整個情形：這個孩子和養父母的親生子女在一起生活，他認為養父母沒有像關心親生子女一樣關心自己。這顯然不是他脾氣暴躁的原因，但他想要離開這個家，因此，凡是有助於實現這一願望的事情他都做得出來。從他為自己設立的目標來看，他的所作所為是很明智的，所以我們可以排除他頭腦不健全的可能性。過了一段時間，養父母也意識到這一點：如果他們無力改變這個孩子的想法和行為，就只能把他交給別人撫養。

如果我們懲罰孩子的過錯，那麼，這種懲罰就會成為他繼續反抗的理由。這種懲罰也能更堅定他的想法──反抗是正確的。我們提出的這一觀點有充足的根據。在我們看來，兒童的所有錯誤都可以被視為他與環境做抗爭的結果，是對新環境的真實反應。雖然這些錯誤比較幼稚，但我們也無須大驚小怪，因為成年人有時也有這種幼稚的表現。

微動作：關注兒童的「姿體」語言

在分析人的姿勢動作和不明顯的肢體語言這一領域，我們做的研究還很少。教師做相關的研究或許更容易一些，因為他們可以把兒童的各種表現系統地連繫起來，探討這些表現之間的關係及根源。要注意的是，相同的表現在不同的場合會有不同的含義，即使兩個孩子做同樣的動作，含義也並不一樣。此外，儘管問題兒童的行為差錯源於相同的心理，但他們的表達方式也因人而異。道理很簡單，實現一個目標的方法有很多種。

我們不能根據常識判斷孩子行為的對與錯。如果一個孩子行為出現了偏差，那往往是因為他追求的目標有問題。也就是說，追求錯誤的目標會導致錯誤的結果。雖然人會犯各式各樣的錯，但真相只有一個，這正是人類的奇特之處。

兒童的某些表現具有非常重要的意義，卻不為人所注意。例如：睡覺的姿勢。這裡我們舉一個有趣的例子：

一個15歲的男孩，經常會有這樣的幻想：當時的國王法蘭西斯·約瑟夫一世去世了，國王的鬼魂出現在這個男孩的面前，命令他組織一支軍隊向俄羅斯進軍。我們在深夜走進

第九章　新環境可以檢驗兒童的準備情況

他的臥室觀察他的睡覺姿勢，發現他的睡覺姿勢儼然是拿破崙指揮千軍萬馬的樣子。第二天我們見他的時候，發現他的動作姿態與睡眠中軍人的姿勢很像。

　　顯然，他的幻覺和他清醒時候的表現有著密切的連繫。我們與他聊天，試圖說服他相信國王還健在，但他卻不願意相信這一點。他告訴我們，他在咖啡廳做服務生時，經常會有人嘲笑他矮小的身材。我們問他誰和他的走路姿勢相似，他想了一會兒說：「麥爾老師。」看來我們的猜測並沒有錯，如果我們把麥爾老師想像為另一個小拿破崙，就能很容易解決問題。還有一點至關重要，男孩告訴我們他將來想做一名教師。他非常喜歡麥爾老師，因此會模仿他的一言一行。總而言之，男孩的睡姿反映了他的全部生活。

對新環境的不適應：
準備不足會引起自卑感

新環境可以對兒童的準備情況進行檢測。如果兒童準備充分，他會信心滿滿地迎接新的環境。反之，面對新環境，他會無所適從，進而會產生自卑感。這種自卑感會影響孩子的判斷，這樣一來，他在新環境中的反應就不是真實的，即這種反應不符合新環境的要求。換句話說，兒童在學校遭遇失敗，不僅是因為學校教育的失敗，還因為兒童自身準備得不充分。

我們之所以堅持研究新環境，不是因為它會直接使孩子變壞，而是因為它將兒童準備工作的不足與欠缺清晰地顯示出來。每一個新環境都可以看作是對兒童準備性的檢驗。

根據上述情況，這裡再來討論一下本書附錄Ⅰ中的幾個相關問題。

1. 兒童何時開始出現問題？

如果一位母親說她的孩子在上學前表現都很好，那麼我們得到的資訊遠比她說出來的多。顯然，孩子難以適應學

第九章　新環境可以檢驗兒童的準備情況

校生活。如果這位母親說「孩子在最近三年的表現都不是很好」，那麼我們無法據此做出準確推測。我們還需要了解三年前孩子的身體或所處的環境發生了什麼變化。

孩子喪失自信心，常常先是表現出無法適應學校的生活。通常來說，沒有人會足夠重視孩子剛開始的失敗，但它對孩子來說可能會是一個不小的打擊。我們要弄清楚，孩子是否因為成績不理想而經常遭到父母的打罵，以及這種情況對他追求優越感產生了哪些影響。這個孩子可能會認為自己沒用，開始自暴自棄。如果父母經常對他說「你什麼事情都做不好」或者「你長大後肯定要蹲監獄」之類的話，孩子更會認為自己一無是處。

有些孩子在經歷失敗後會大受鼓舞，而有些孩子則一蹶不振。我們應該鼓勵對自己和前途喪失信心的孩子，以更溫柔、耐心和寬容的態度對待他們。

此外，貿然向兒童解釋性方面的知識，會讓他們陷入困惑；兄弟姐妹的出色表現可能會成為兒童努力進取的障礙。

2. **在問題出現之前是否有明顯的跡象？或者說，在環境發生變化之前，兒童準備的不足是否出現過一些跡象？**

對這一問題，我們從父母那裡聽到了各式各樣的回答。「這孩子太邋遢」，這句話表示母親為孩子整理一切；「他一直很膽小」，意味著孩子對家裡非常依戀。如果父母說孩子虛

對新環境的不適應：準備不足會引起自卑感

弱，我們會猜測他生來就有身體上的缺陷，或者因身體虛弱而備受關愛，或者因其貌不揚而不被重視。存在這個問題，也可能意味著孩子曾由於發育緩慢被懷疑頭腦發育是否正常，即使後面的情況有所好轉，他仍會感覺到父母的過分保護和限制。這種感覺會增加他們適應新環境的難度。如果父母說這個孩子膽小又粗心，我們可以肯定他這樣做是為了尋求和確保別人對自己的關注。

如果孩子的動作略顯笨拙，老師就必須了解他是否是左撇子。如果孩子的動作特別笨拙，老師就要了解他是否完全理解自己的性別角色。在周圍都是女性的環境中長大的男孩子，會避免與其他男孩子交往，並會受到其他男孩的嘲笑。他們經常被視為女孩子，他們習慣了女孩的角色定位，以後會經受相當激烈的心理衝突。由於這類孩子不了解男女性別器官的差異，他們相信性別可以改變。但他們最終會發現性別無法改變，所以他們會在心理上發展更多的異性特徵加以補償。這種心理傾向會反映在他們的服飾裝扮和言行舉止上。

第九章　新環境可以檢驗兒童的準備情況

性別認知錯誤：
錯誤認知給兒童帶來的傷害

有些女孩討厭女性職業。在她們看來，這些工作沒有多大價值。不可否認，這是我們文化中的存在一個基本錯誤。在某些職業中，男性比女性有更多的特權，這一傳統延續至今。我們的文明顯然對男性有利，男孩的誕生給家人帶來的歡樂遠比女孩多，但這無論對男孩還是女孩都是有害的。女孩很快就會受到自卑的困擾，而男孩則在過高的期望下倍感壓力。女孩在成長過程中會遇到很多限制，這種限制在一些國家已經不再明顯，比如美國。但在社會關係中，男性和女性還未達到真正的平等，即使美國也是如此。

我們在這裡關注的是，在兒童身上所反映出來的人類的整體精神狀態。接受女性角色就意味著承受諸多艱難困苦，因此經常招致反抗。這種反抗通常表現為桀驁不馴、倔強固執和懶散怠倦，這都與追求優越感的心理密切相關。當女孩子出現這些跡象時，教師一定要弄清楚她是不是對自己的性別不滿意。

這種對自身性別的不滿會影響生活的其他方面。這樣一

性別認知錯誤：錯誤認知給兒童帶來的傷害

來，生活對她們來說就成了一種負擔。有時候，我們會聽到孩子說想要移居到一個不分性別的星球。這種錯誤的想法也會導致各種荒謬行徑，她們可能會變得完全冷漠、違法犯罪，甚至自殺。對具有這些想法的孩子缺乏同情或加以懲罰，只會加重她們的欠缺感和不安全感，結果適得其反。

如果我們能夠以自然得體的方式讓孩子意識到男女之間的差別，使他們懂得男孩和女孩同等寶貴，就可以避免這種不幸狀況的發生。

一般來說，父親在家庭中的地位會更高。他制定規矩並向妻子解釋具體的做法，擁有最終決定權。家裡的男孩也會模仿父親，輕視和批評他們的姐妹，在姐妹面前展示自己的性別優越感，這會使女孩子為自己的性別產生不滿。心理學家認為，男孩的這種行為通常源自他們的虛弱感。能做什麼和好像能做什麼之間存在很大的差別。那些認為女人至今為止還沒有做出偉大貢獻的觀點毫無價值，因為直到現在，人們還沒有把女人朝建立偉大功業的方向上教育和培養。男人總把需要縫補的襪子塞到女人手裡，試圖讓她們相信這才是她們的本職工作。儘管這種情況現在已經有所改變，但我們為女孩提供的教育和準備的工作還沒有展現出我們對她們寄予厚望。

一方面，我們沒有幫助女孩，甚至阻礙她們為做出非凡

第九章　新環境可以檢驗兒童的準備情況

成就做準備；另一方面，我們又在指責她們成就低微。這都是目光短淺的表現。改善這種現狀並不容易，因為不僅是父親，就連母親也理所當然地認為男性具有天生的優越感。不僅如此，她們還會把這種觀念灌輸給自己的孩子，讓孩子們了解到：男性的權威毋庸置疑，男人可以要求孩子服從他們，而女人也應該服從。我們需要讓孩子儘早認識自己的性別，並且知道他們性別是無法改變的。但是，正如我們前面所說，有些女孩會對男性的權威和優越感抱有怨恨。如果這種怨恨過於強烈，女孩會拒絕自己的性別，並且盡力模仿男性。這種現象在個體心理學中被稱為「對男性的抗議」。第二性徵方面出現的問題，比如發育畸形或者發育不全，也會使孩子在長大後懷疑自己的性別（女性的身上出現了男性特徵，男性身上表現出女性特徵）。這種懷疑通常根植於身體上的孱弱。

身體構造稚嫩、發育不全等狀況在男性身上很容易看得出來，這種情況在女性身上卻不那麼明顯。身上出現這種狀況的男性會被認為具有女性特性，這種看法是不可取的，因為這些男人其實更像一個小男孩。身體發育不完全的男人會感到痛苦和自卑，因為在我們的文明中，理想男性形象是高大魁梧、成就突出、超越女性的。同樣，一個發育不全或不夠美麗的女孩也會經常厭惡面對生活中的問題，因為我們的

社會過於強調女性的美麗。

人的性情、脾氣和感情可以看作是第三性徵。生性敏感的男孩會被認為更像女性；從容、自信的女孩則被認為更像男性。這些性格特徵並非與生俱來，它們都是後天的環境中養成的。具有上述特徵的人在回憶童年時，都會說自己童年時就是這樣，他們長大後也意識到自己童年時就表現得與異性相似，十分古怪、另類。他們後來按照自己對性別角色的不同理解長大成人。

問卷中的下一個問題是孩子的性發育和性經驗達到了何種程度。也就是說，孩子在一定的年齡階段，要對性有一定程度的了解。在性教育方面，因為無法摸清孩子的接受和相信程度，也無法預料這種教育會產生什麼效果，所以無法規定硬性的時間。當孩子提出這方面的問題時，在回答他之前，我們應充分考慮孩子的實際情況。雖然過早地向孩子解釋性方面的知識不一定會造成有害的結果，但我們依然不提倡過早地跟孩子談論這些問題。

第九章　新環境可以檢驗兒童的準備情況

特殊的家庭角色：
養子女、繼子女和私生子女

　　問卷還有一些問題涉及收養或者過繼的孩子，這些問題比較棘手。這一部分孩子認為別人對自己好是理所當然的，把受到的一切苛刻、嚴厲都歸咎於他們的獨特處境。一個失去母親的男孩剛開始會十分依賴自己的父親，父親再婚時，孩子會感到自己被拋棄了，他完全不能和繼母友好相處。

　　有趣的是，有些孩子把他們的親生父母看作為繼父母，這種態度必然包含了他們對父母的不滿與埋怨。繼父與繼母在許多童話故事中都是歹毒的角色，他們也因此背上了不好的名聲。這裡順便要指出的是，這些童話故事並不是兒童的最佳讀物。當然，我們不能完全禁止孩子閱讀童話故事，因為孩子可以從這些故事裡面了解很多關於人性的知識。但是，我們可以在某些故事中附加恰當的評語，同時避免孩子閱讀那些包含歪曲幻想和殘忍行為的故事。

　　有時候，人們會借用強者做出殘忍行為的童話故事來鍛鍊兒童，幫他們克服溫柔的情感。這種做法源於我們對英雄的崇拜，是不可取的。許多男孩子覺得表示同情是缺乏男子

漢氣概的表現。如果溫柔不被濫用或誤用，它無疑非常有價值。然而，任何一種情感都有被濫用或誤用的可能。

私生子的處境最為艱難。那種「讓女人和孩子承受沉重的負擔，而男人卻逍遙自在」的說法顯然是不公平的，但受到傷害最多的肯定是孩子，無論人們怎樣努力去幫助這些孩子，都不可能消除他們內心的痛苦，因為他們很快就可以意識到自己的處境與同齡人不同。

私生子會遭受同伴的嘲笑與譏諷，法律也使他們的生存變得更加困難，社會道德在他們身上烙上了私生子的印記。他們因此變得異常敏感，很容易和別人發生衝突，對周圍世界產生了一種敵對態度，因為無論在何種語言中，對他們的稱呼都是一些醜陋、鄙視和侮辱的字眼。這也就不難理解為什麼在問題兒童和罪犯中有相當大的一部分是孤兒和私生子了。我們不能將孤兒和私生子的反社會性格傾向歸結於遺傳或天生，而是後天環境影響造成的。

第九章　新環境可以檢驗兒童的準備情況

第十章
兒童在學校的表現

> 在兒童入學前準備做得不好的情況中,我們總能看到母親的影響。因為母親是兒童的第一個興趣啟蒙老師,在引導兒童興趣步入正軌方面,發揮著極其重要的作用。

第十章　兒童在學校的表現

入學準備：心理準備比學業成績更重要

兒童一入學，就踏入了一個全新的環境。和其他新環境一樣，學校能檢測出兒童對新環境的準備工作做得如何。如果兒童準備充分，他就能順利過關；反之，就說明他準備方面的不足。

在兒童剛進幼稚園和小學的時候，教師一般不會對他們的心理準備情況做紀錄；但如果有的話，這些紀錄能幫助我們理解兒童成年後的行為。這種「新環境的測試」能更好地揭示孩子的真實狀況。

學校對初入校門的兒童有怎樣的要求呢？在學校裡，他需要和教師、同學們進行配合，同時還要培養對各學科的興趣。根據兒童對學校這一新環境的適應程度，可看出他與他人合作的能力和興趣範圍。透過觀察兒童的言談舉止、手勢眼神、與他人對話時的樣子、友好對待教師還是設法躲避教師等情況，我們可以知道他喜歡哪些科目、是否願意聽別人說的話及對周圍的事物是否感興趣。

下面的案例能說明以上細節是如何影響兒童心理發展的：

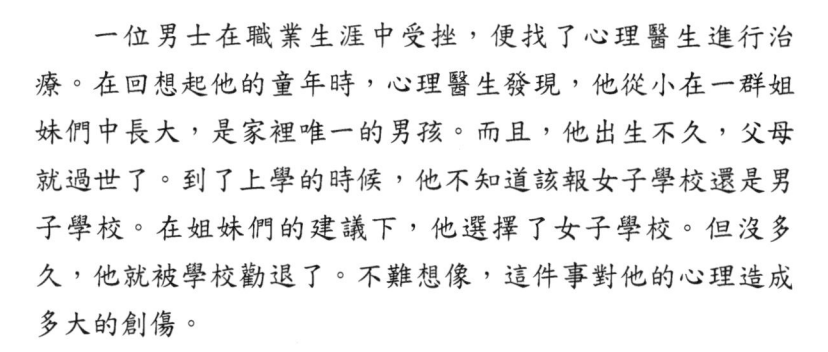

入學準備：心理準備比學業成績更重要

一位男士在職業生涯中受挫,便找了心理醫生進行治療。在回想起他的童年時,心理醫生發現,他從小在一群姐妹們中長大,是家裡唯一的男孩。而且,他出生不久,父母就過世了。到了上學的時候,他不知道該報女子學校還是男子學校。在姐妹們的建議下,他選擇了女子學校。但沒多久,他就被學校勸退了。不難想像,這件事對他的心理造成多大的創傷。

兒童能否集中精力學習主要看兒童是否喜歡教師。教師的專業素養就是讓兒童上課時集中注意力,並及時發現兒童是否專注或是否足夠專注。那些在家裡受到過分寵愛的孩子,在學校會被諸多陌生人弄得眼花撩亂,因此對學業缺乏專注力。如果碰巧遇到那種比較嚴厲的教師,那麼兒童在學習時就會顯得好像是缺乏記憶力。但是這種記憶力的缺乏並不是人們所想的那麼簡單,因為他們對學業以外的其他事物能做到過目不忘。在寵愛他的家庭環境中,他們完全可以集中注意力。他們將注意力集中在對寵愛的渴望上,而不是學校的作業上。

這類兒童如果難以適應學校,成績不佳,批評或指責對他們是沒用的。相反,這樣做只會讓他們認為自己不適合學校,從而以更加消極的態度對待學習。

值得注意的是,如果教師贏得了這類兒童的心,他們就

第十章　兒童在學校的表現

會變成優秀的學生。如果能從學習中得到甜頭，他們就會加倍努力，但是我們無法確保他們總能得到足夠的關注。兒童如果換了學校或教師，又或者是他的某一學科（對於一個被家長溺愛的兒童來說，數學總是很難的學科）沒有取得進步，他很可能會突然停滯不前。他們無法持續進步，是因為他們已經習慣別人把事情都準備好，這樣事情就變得容易了。他們從未被訓練奮發圖強，也不知道怎樣去奮發圖強。他們沒有耐心和毅力去面對和克服困難，透過有意識的努力不斷進步。

接著，我們來探討一下什麼是良好的入學準備。在兒童入學前準備做得不好的情況中，我們總能看到母親的影響。因為母親是兒童的第一個興趣啟蒙老師，在引導兒童興趣步入正軌方面，發揮著極其重要的作用。如果她沒有盡職盡責地幫著兒童準備，兒童在學校的表現就會展現出來這一點。除了母親的作用和影響外，還有各種複雜的家庭影響因素。例如：父親的影響、兄弟姐妹間的競爭（這些我們會在其他章節加以說明）等。最後，還有來自家庭以外因素的影響，如不良的社會環境和社會偏見，這些因素我們會在下一章詳細分析。

整體而言，以上這些因素會對兒童的入學準備造成不利影響。因此，如果我們只根據兒童的成績來評判他，就大錯

特錯了。不過，我們可以把成績報告作為兒童目前心理狀態的反映。這些分數會反映兒童目前的智力情況、興趣範圍、專注能力等。學校考試和科學測試（如智力測試等）實質上沒什麼兩樣，儘管這兩種測試的結構、內容並不相同。在進行這兩種測試時，我們應把關注重點放在兒童心理的反映上，而不是去記錄一大堆事實。

第十章　兒童在學校的表現

智力測試：
不能作為衡量兒童未來的標準

近年來，所謂的智力測試得到了很大的發展。教師對此也很重視。的確，這種測試在某種程度上有一定價值，因為它能夠告訴我們很多一般測試不能揭示的東西。這種測試還曾經幫了一些兒童的大忙：有一個男孩成績很不好，教師想讓他留級，但男孩的智力測試得分卻很高。最後，他非但沒有留級，反倒跳了級。他也感到自己很厲害，從此表現得跟從前大不一樣了。

我們不想貶低智力測試的作用，只是說，如果要測試，最好不要讓父母和孩子知道測試的結果，因為他們都不能完全理解這種智力測試的真正價值。他們會把測試結果當作一個最終的和完整的評定，並據此對孩子未來的命運做出判斷。對兒童而言，他們的發展會受到這個測試結果的限制和影響。事實上，把測試結果絕對化的做法，一直以來也備受人們的批評。在智力測試中拿到高分，並不能說明以後就能很成功，恰恰相反，很多成就卓著的人在兒童時期的智力測試中得分都不高。

智力測試：不能作為衡量兒童未來的標準

　　個體心理學家有這樣的經驗，如果找到正確的方法，在初次智力測試中拿了低分的兒童也能提高分數。其中一個辦法就是，讓兒童研究這類智力測試題，直到兒童找到做題的技巧和要做的準備。用這種方法能讓兒童從中累積經驗，在以後的測試中，他就能拿到高分。此外，另一個重要的問題就是，學校的日常教學對兒童究竟會有什麼樣的影響？繁重的課業壓力是否讓兒童手足無措？我們不是在貶低學校的教學安排，也不是說要減少學習的科目，而是說要把孩子所學科目連貫起來，這樣才會使兒童懂得所學科目的目的和實際價值，而不會把它們看成完全抽象和純理論性的東西。目前，對於應該傳授兒童知識，還是重點培養兒童的人格，人們的看法也不同。而個體心理學認為，這兩者其實可以兼顧。

　　就像我們之前說的，兒童所學科目要有趣味性，不能脫離實際生活。例如：數學裡的算術和幾何，應該結合某一座建築物的結構和風格，結合這一建築物可容納的人數等一併講授。其實，很多科目可以結合在一起教給孩子。在一些較先進的學校，會有這方面的教學專家，他們懂得如何把幾個科目結合在一起講解。他們帶著孩子們外出散步，以便了解他們喜歡哪些科目，不喜歡哪些科目。他們會把所要教的東西靈活調動起來，糅合在一起一併教學。例如：在講解植物

第十章　兒童在學校的表現

的知識時,把這一植物的歷史、它所在國家的氣候等連繫起來講解。這樣不但使本來枯燥乏味的知識變得生動起來,能激發學生興趣,而且讓學生掌握以融會貫通的方法處理事情的能力,這也是所有教育的最終目的。

理想班級模式：在合作中競爭

此外，還有一點不容忽視 —— 在校學習的兒童都認為自己處於一種激烈競爭的環境中。對此，我們不難理解，理想型的班級應該是一個整體，每一位學生都覺得自己是這個整體的一部分。教師應對這種好勝心和競爭意識加以控制，將其限制在一定範圍內。有的學生不願看到別人在學業上遙遙領先，他們要麼奮起直追，要麼垂頭喪氣，僅僅帶著個人情緒看待事物。這就是為什麼教師的引導和建議對於學生來說非常重要，因為他的一句恰當的話就能讓沉迷於競爭的學生走入與他人的相互合作中。

制定一套合適的學生自治計畫，會有助於加強學生們的合作精神。當然，我們無須等到學生完全準備好了，才去制定這類計畫。我們可以先讓學生注意觀察班上的情況，或者鼓勵他們提出自己的建議。如果讓學生在缺乏準備的情況下開始實行自治，我們就會發現，他們施行的懲罰措施往往會比教師更加嚴厲和苛刻。他們甚至會利用職務之便為自己謀利，獲取優越感。

對兒童在學校所取得的進步加以評估時，我們既要考慮

第十章　兒童在學校的表現

◇◇◇

教師的意見，也要考慮兒童的意見。有意思的是，兒童在這一方面有著極佳的判斷力。他們知道誰拼寫得最棒，誰畫的畫最好，誰的運動最出色。他們能很好地互相打分。有時候，他們未必會那麼公正，但他們會意識到這一點，並且會盡可能做到公平公正。在評價方面最大的問題是，有的兒童會小看自己，覺得自己不如別人。但事實並非如此！教師應該為兒童糾正這種錯誤想法，否則，有這種想法的兒童是不會取得進步的，只會是原地踏步。

在學校，大部分兒童的成績一般不會有太大變化，成績好的還是成績好，成績差的還是成績差，中等成績的還是中等成績。這種狀態更多地反映了兒童心態上的惰性，而不單是智力水準。它說明兒童把自己限制住了，在經過若干次挫折後，他們就不再嘗試了。但也有些兒童的成績會有一些大的波動，這也是一個重要的事實。這代表兒童的智力水準並不是命中注定、一成不變的。學生們應該了解到這一點，教師也要讓學生懂得將這一道理應用到具體的學習中去。

遺傳和成績單：
引導兒童正確看待分數

人們通常會認為，智力正常的兒童取得了好成績是因為遺傳。這其實是錯誤的，教師和學生都應摒棄這一錯誤觀念。或許兒童教育的一個最大謬誤，就是相信能力是可遺傳的。當個體心理學首先指出這一點時，很多人覺得那不過是我們的一種樂觀的猜測，並沒有科學依據。但現在越來越多的心理學家和病理學家開始認可和接受這一觀點。在困難面前，遺傳的說法容易被教育者當作一種藉口拿來為兒童開脫。每當出現困難、需要人們做出努力去解決問題時，人們就拿遺傳來推卸責任。但是，我們沒有權利逃避自己的責任。對任何旨在為自己推卸責任的觀點，我們都要心存懷疑並積極否定。

一個教育工作者，如果相信自己的工作具有教育的價值，相信教育能夠培養人的性格，改善人的能力，他就不可能輕易接受遺傳的理論。我們這裡所說的並不是身體上的遺傳。眾所周知，器官的缺陷，甚至器官能力的差異可能是由遺傳因素導致的。但是，人體器官的功能和心理能力之間有

第十章　兒童在學校的表現

著怎樣的關聯呢？在個體心理學中，我們堅持認為，心理會體驗到器官的能力水準，並對它做出反應和處理。但有時候，心理會過多地顧及器官的能力，器官的缺陷會引起心理恐懼，以致這種缺陷消除之後，心理的恐懼還會持續很久。

人們總喜歡追根究柢，喜歡尋求現象背後的成因。但是，以這種追根究柢的做法（即認為能力是天生遺傳的）的觀點去評價一個人會造成一種誤導。這種思維方式通常會犯一種錯誤，就是忽略了我們大部分的先祖；忘記了在家族世系圖裡，每一代都有父母兩個長輩。如果我們向上追溯五代人，我們就有 64 位先祖，那麼，後人的聰明才能無疑可以歸因於這 64 位先祖中的一位所具有的聰明才智。如果追溯至前十代人，我們的先祖就會有 4,096 位。毫無疑問，我們也可以將後人的出類拔萃歸因於這些人中的一個。當然，我們也不能忽視，出色的先祖留下的某種遺風對後人的影響絲毫不亞於單純遺傳的作用。由此可見，為何有些家族會產生更多的人才。其中的原因不在於遺傳，而在於家族的行事作風。我們只要回顧一下歐洲過去的一些情況，就很容易明白這個道理。在當時，很多兒童會被迫繼承父輩的事業。如果忽視當時的這一社會制度的作用，我們就會更加關注遺傳的作用，錯誤地認為有關遺傳作用的統計數字很有說服力。

除了遺傳作用的錯誤觀念之外，阻礙兒童發展的另一最

遺傳和成績單：引導兒童正確看待分數

大障礙，就是家長們會因為成績不好而懲罰他們。如果一個孩子成績不佳，他會感到老師不怎麼喜歡自己。他在學校已經為此而煩惱不已，回家後還會遭到父母的責備，甚至有時還又打又罵。

教師應該明白兒童拿著糟糕的成績單回家會有怎樣的結果。有些教師認為，如果讓學生必須把他的成績單交給家長，那麼學生自然就會更加用心地學習，但他們忽視了有些學生家庭情況特殊。某些家庭對兒童管教很嚴，這類家庭的兒童就會猶豫不決，他不敢把成績單帶回去。後果就是，他可能根本沒有膽量回家，極端的時候甚至會在恐懼的壓迫下絕望自殺。

教師不必事事依照學校制度，他們應該同情和理解學生來緩和一下這個制度的非人性和苛刻的方面。對於那些出身於特殊家庭的兒童，教師要考慮到個體的特殊情況，適當寬鬆一點並鼓勵他們，而不是將他逼向絕路。那些成績一直不好的兒童會感到心情沉重和壓抑，他被說成是班上最差的學生，最後他自己也信以為真。如果我們能設身處地地想一下，就不難理解他們為什麼會討厭上學了，這也是人之常情。如果一個兒童總是成績不好，一直受到教師的批評，他再也沒有信心趕上別人，自然就會討厭學校，甚至會想辦法逃學。所以，如果碰到這種逃學曠課的兒童，我們也不需大驚小怪。

第十章　兒童在學校的表現

雖然兒童出現這種情況不需要大驚小怪，但我們也要清楚地了解這意味著一個糟糕的開始，尤其是這種情況通常發生在孩子的青春期。為逃避懲罰，這些兒童會塗改成績單、逃學曠課等。他們會和跟他差不多的學生混在一塊，慢慢走上犯罪的道路。

個體心理學認為，沒有不可救藥的兒童。如果我們贊同這種觀點，那這些事情就可以避免。我們認為，無論遇到多糟糕的情況，也總能想到解決辦法。關鍵是，我們要盡可能地尋找方法。

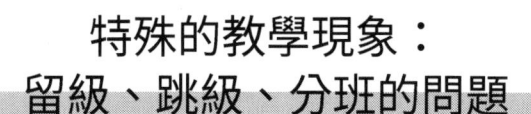

特殊的教學現象：
留級、跳級、分班的問題

　　學生留級帶來的壞處眾所周知。在教師看來，留級生給學校和家庭都帶來麻煩。雖然情況並不總是這樣，但例外的情形也很少。大多數留級生會反覆留級重讀──他們總是落後於其他同學。這是因為他們的問題一直被迴避，始終沒有得到解決。

　　在什麼樣的情況下才應該讓學生留級，這是一個有難度的問題。很多教師能夠很好地避免這一問題。他們利用假期輔導兒童，幫助兒童找出生活方式的錯誤之處並進行矯正，使他們能順利升學。如果我們在學校設有專門的輔導教師制度，這種辦法也值得推而廣之。我們有社會工作者、家庭教師可以給兒童進行家教，但卻欠缺這一類補課的輔導教師。

　　在德國，沒有讓教師上門為兒童做家教的制度，似乎也不怎麼需要這一類教師。學校的任課教師最了解自己學生的真實狀況。如果他能好好觀察，就會比別人更了解學生的實際情況。也許會有人覺得教師不可能對每個學生都瞭如指掌，因為一個班有太多的學生。但如果教師從學生剛入學時

第十章　兒童在學校的表現

就密切留意他們的生活風格，就可以避免在以後觀察中遇到的許多困難。即使班裡學生再多，教師也可以辦得到。很明顯，我們了解學生後才更能為他們提供良好的教育。當然了，一個班級中的學生太多並不是一件好事，應該盡量避免這個情況，這並不是沒有辦法解決的問題。

從心理學的角度來看，最好不要每年都替學生換教師，也不能像一些學校那樣，每隔六個月就更換一次教師。最好能夠做到讓教師跟著班級進入新的學年。如果教師能連續教學生兩年、三年或四年的時間，這樣對學生很有好處。因為這樣的話，教師就有機會深入地觀察和了解所有學生，發現並矯正他們生活方式方面存在的問題。

不少學生會跳級學習，但這樣做是否有好處值得商榷。有些跳級的學生通常滿足不了由於跳級所帶來的對自己的過高期望。對於一個有一定學齡且成績優異的孩子來說，跳級是可以考慮的；那些由於成績不好而留級，但經過努力取得優異成績的學生來說，跳級也可以考慮。我們不能因為學生成績優異或者知識累積比別人多，就把跳級作為對他的一種獎勵。那些成績優異的兒童，如果把時間投入課外學習，例如繪畫、音樂等，那對他們更有好處。此外，這對全班也是一件好事，因為對其他學生來說是一種激勵。

把班上最好的學生都抽走並非好事。有人可能會認為，

特殊的教學現象:留級、跳級、分班的問題

學校應該提拔表現出色的學生,為他們提供更多的發展空間。但我們並不這樣認為,我們相信出色的學生能帶動全班的學生,對整個班級的成長產生促進作用。

仔細考察學校中的傑出人士班和普通班,我們發現,普通班的學生很多是欠缺對學校生活的準備的,這些家庭的父母要忙太多的事情,很少有時間關注孩子的成長;或者這些父母所受的教育不足以勝任教育他們的孩子。這些對學校生活準備不足的孩子不應被編在普通班,在孩子心目中,這是一種不好的象徵,他們會為此受到同學的取笑。

照顧這些孩子的更好辦法就是發揮輔導教師的作用,這一點我們之前已經談過了。除了輔導教師,我們還需要成立兒童俱樂部,在那裡,孩子可以得到額外的輔導。他們可以做功課、玩遊戲、閱讀書籍等。這樣,他們的勇氣和信心就會得到鍛鍊,從而增加自信。在普通班中,他們體會更多的是沮喪和氣餒。這些俱樂部如果能再配上更多的遊樂場地,就可以使這些兒童遠離街道、避免環境造成的不良影響。

第十章　兒童在學校的表現

正確的教育方法：
關注兒童的興趣和優勢

人們在討論教育實踐的時候，男女同校一直是一個無法迴避的事情。原則上來講，我們贊同和提倡男女同校。因為這樣可以增進男女同學間的了解。但如果認為男女同校可以任其發展就大錯特錯了。

男女同校牽涉到一些特殊問題，我們需要慎重對待，否則，這種教育方式就會弊大於利。例如：人們一般都會忽略這樣一個事實：女孩在 16 歲以前比男孩要發育成長得快。如果男孩不能正確理解這一點，他們看到女孩比他們成長得快，就會心理不平衡，會與她們展開一場沒有價值的競爭。校方和教師必須對此類情況要給予高度重視。

如果教師喜歡並鼓勵男女同校，同時對這裡面所牽涉的問題有一定的了解，那麼男女同校這一形式就能取得成功；但如果教師不怎麼喜歡男女同校，覺得這是一種負擔和荒謬的行為，那麼他們的教育就必定會失敗。

如果不能妥善管理和應用男女同校的制度，對兒童欠缺正確的引導和教育，就會不可避免地出現關於性方面的問

正確的教育方法：關注兒童的興趣和優勢

題。在第十二章中，我們將會更加詳細地探討性教育方面的問題，這裡只是指出學校裡的兒童性教育是一個極其複雜的問題。

事實上，學校並不適合進行性教育，因為當著全班學生的面談論性教育問題的時候，教師不能掌控某些學生的及時反應。當然，如果學生私下請教這些問題，就是另一回事了。如果有女生請教這方面的問題，教師應該給予恰當的回答，而不應迴避問題。

前面我們多多少少討論了有關教育管理方面的問題，有些偏離主題了，現在讓我們回到教學的核心問題上來。如果能夠了解兒童的興趣，發現他們擅長的科目，我們就可以知道如何用合適的方法來教育他們。

成功會造就更多的成功，對教育來說是這樣，對人生的其他方面也是如此。如果兒童對某一個科目很感興趣，並且學得很好，他就會受到鼓舞，努力做好別的事情。教師的重要職責就是，利用兒童取得的成功以激勵他們學習新的知識。兒童自身並不清楚怎麼做才能成功，不知道如何不斷提升自己，這就像我們所有人從無知到成熟的過程中會遇到困惑而需要幫助一樣。如果教師知道該怎麼做而且教育得法，就會發現學生能夠理解和積極配合。

以上關於找出兒童感興趣的科目的討論，同樣適合用來

第十章 兒童在學校的表現

發現兒童擅長使用的感覺器官。也就是說，我們要了解兒童最擅長使用的感覺器官。有些兒童在視覺方面受到了較好的訓練，有些則在聽覺或者運動等方面受到了較好的訓練。近年來，一些鍛鍊手工操作的學校流行起來，這些學校秉承這一正確原則：把科學教學和對眼、耳、手的訓練結合起來。這些學校的成功表明充分利用兒童的感官興趣是多麼重要。

如果教師發現某個兒童屬於視覺型，他就應該清楚這個兒童在那些需用眼的科目上，例如地理學，會更為得心應手。對這個兒童來說，用眼看比用耳聽更有效果。這只是教師透過對學生的仔細觀察所得到的一個認知，教師還可以運用同樣的方法獲得更多類似的發現。

整體而言，理想的教師負有一種神聖的、激動人心的使命。他造就兒童的心靈，也掌握著人類的未來。

兒童教育諮商：
將心理知識應用到兒童教育中

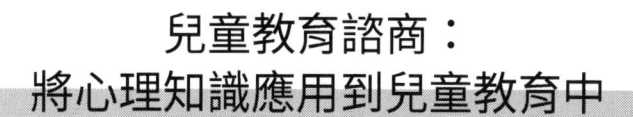

我們如何才能讓理想變成現實呢？僅有美好的教育理想是不夠的，我們還要想方設法去實現它。很久以前，我在維也納的時候就開始尋找實現理想教育的方法，結果就是我在學校成立了兒童教育諮商診所。

建立教育諮商診所的目的就是用現代心理學知識為教育系統提供服務。診所會在特定的日期，邀請一個既懂心理學，又了解教師和父母實際情形的心理學家和教師們一起舉辦諮商活動。聚集在一起的教師們會談論各自遇到的問題兒童的案例，如懶惰、擾亂課堂紀律，或者偷竊他人物品等。先由教師具體描述其碰到的具體案例，然後由心理學家分享自己的知識和經驗，並和大家一起討論：出現這些情況的原因、時間和應對的策略。這需要仔細分析這些兒童的家庭生活及兒童本人的整個心理發展過程。最後，綜合各種資訊，大家會針對存在問題的兒童提出具體的矯正方案。

存在問題的兒童及其母親會出席第二次諮商活動。在確定了跟兒童母親做工作的具體方式以後，先要和母親談一

第十章　兒童在學校的表現

談，並向其解釋兒童遭受挫折的原因。接下來，由兒童的母親詳細說明兒童的情況，再由母親和心理學家共同探討。

一般來說，看到別人關心自己的孩子，母親應該會很高興，也會積極配合。但如果這個母親的態度糟糕且帶有敵意，那麼教師或心理學家就要轉而談論類似案例，直到消除她的牴觸情緒為止。

最後，確定了幫助兒童的具體方法後，孩子就能和教師、心理學家見面了。心理學家會跟他聊天，但絕口不提他的錯誤。心理學家就像為兒童上課一樣，以他能夠接受的方式客觀地分析他所遇到的問題，問題的成因以及使他遭受挫折的想法等。在心理學家的幫助下，兒童會明白為何他**屢屢**受挫而其他兒童卻備受喜愛，為何他對成功已經不抱希望等等。

這種諮商方法進行了差不多 15 年，這方面經驗豐富的教師對此也很滿意，他們並不想放棄自己堅持了 4 年、6 年或者 8 年的工作。

兒童在這種諮商活動中受益最多。他們原先的問題得以解決並且恢復了心理健康，他們學會了與人合作，找到了勇氣和信心。那些沒有進行心理諮商的兒童也受益匪淺。當班上個別學生表現出某種潛在的問題時，教師會讓兒童對此展開討論。當然，這種討論要在教師的指導下進行，鼓勵兒童

參與其中，有機會充分表達自己的看法。例如：個別學生有懶惰的表現，同學們會分析和討論這一問題的原因。最後，他們會得出結論。儘管班上的懶惰兒童並不知道大家討論的就是自己的問題，但仍然能從討論中獲益不少。

以上的總結表明心理學和教育有相結合的可能性。心理學和教育是同一現實和同一問題的兩個方面。要對心靈加以指導，首先就要明白心靈運作的原理。我們只有做到了這一點，才可以運用知識使心靈走向更高、更普遍的目標。

第十章　兒童在學校的表現

第十一章
外部環境對孩子的影響

> 　　外部環境也會對兒童的心理產生衝擊,直接或間接地塑造他。換句話說,外部環境影響了兒童父母的心理,使他們形成某種心態,而父母的心態又會影響兒童的心理。

第十一章　外部環境對孩子的影響

家庭環境：
直接影響兒童心理的發展

個體心理學在心理和教育方面涵蓋範圍廣，外在環境的影響當然也在其中。過去所推崇的那種內省型心理學太過狹隘，為彌補這種心理學所遺漏的東西，德國心理學家威廉・馮特[02]認為有必要建立一種新的科學——社會心理學。但個體心理學卻不這樣認為，因為個體心理學在研究個體心理的同時，也不會忽略社會心理的影響因素。它既不會只專注於個體心理，而忽視影響心理的環境因素，也不會只注意環境的影響而不考慮個體心理的獨特性。

負有教育責任的人或教師不應認為兒童僅僅從他那裡獲得教育。外部環境也會對兒童的心理產生衝擊，直接或間接地影響他。換句話說，外部環境對兒童的影響是透過他們父母及其心理狀態來實現的。外在影響是不可避免的，個體心理學必須將其考慮在內。首先，所有教育者必須考慮經濟因素對兒童心理造成的影響。

---

[02]　威廉・馮特（西元 1832 ～ 1920 年），德國心理學家，哲學家，第一個心理學實驗室的創立者，構造主義心理學的代表人物。他的《生理心理原理》是近代心理學史上第一部重要的著作。——譯者注

家庭環境：直接影響兒童心理的發展

例如：我們要知道，有些家庭世世代代都很貧困，總是生活悲苦，艱難度日。這種家庭終日生活在壓抑悽苦的環境中，他們的心靈飽受生活的壓抑，總是受到經濟問題的困擾，因此不可能形成一種健康和樂於合作的態度。

另外，我們也要知道，如果長期處於半飢餓狀態，或者生活在惡劣環境的話，父母和兒童在生理上都會受到不利影響，而生理影響又會轉而影響其心理。這種影響在第一次世界大戰後歐洲出生的兒童身上表現得十分明顯。他們和上一輩人相比，出生和成長的環境更加艱難。

除了經濟環境會對孩子產生影響，由於父母缺乏生理衛生知識而給兒童帶來的影響也不可忽視。父母的無知與膽小和溺愛相伴而生。父母溺愛兒童，擔心他們吃苦受罪，但是父母有時候卻又粗心大意，例如：他們想當然地認為兒童彎曲的脊柱會隨著長大逐漸恢復正常，而沒讓孩子及時就醫。這當然是錯的，尤其是生活在並不缺乏醫療服務設施的大城市中的父母。身體狀況不好如不及時治療，可能會導致嚴重和危險的疾病隱患，給孩子留下心理創傷。從個體心理學角度來看，每種疾病都是一個「難關」，所以要盡可能避免觸碰。

如果這些「難關」難以避免，那麼，我們可以透過培養兒童的勇氣和社會情感讓其危險性降到最低。事實上，只有當

第十一章　外部環境對孩子的影響

一個兒童社會感情不強時，才可能會在心理上受到生理疾病的影響。如果這個孩子感覺到自己已然融入周圍環境中，那他在心理上就不會像患有同樣疾病而且被溺愛的孩子那樣深受摧殘。

兒童的個案顯示，通常那些得過百日咳、腦炎等疾病的孩子，都會產生心理方面的問題。人們認為這些問題是由疾病造成的，但事實上，疾病只是這些孩子潛在性格缺陷的誘發因素。在患病期間，孩子會覺得自己彷彿獲得了某種力量，因為他能夠以患病為理由來控制、左右家人。他看到父母臉上的擔憂和恐懼，知道這都是因為他。痊癒後，他想繼續得到大家的關注，他為了達到這一目的，會提出各種要求來控制父母。當然，只有那些缺乏社會情感訓練的孩子才出現這種情況，因為這種孩子會抓住任何機會去表現自我。

但是有意思的是，疾病有時候卻能改善兒童的性格。我們透過一個案例加以說明：

一名教師很為這個孩子擔憂，卻又束手無策。這個孩子有時會離家出走，是班裡最差的學生。就在父親要把他送到改造所的當天，卻發現他患上了憂鬱型肺結核。這種病需要父母的長期悉心照料。痊癒後，他竟變成了家裡最乖的孩子。他最渴望的就是父母的特別關心，而在患病期間他得到了這種關心。他以前不聽話是因為他有一個非常優秀的哥哥，他感覺自己生活在哥哥的陰影之中。因為他不能像哥哥

家庭環境：直接影響兒童心理的發展

那樣得到家人的讚揚，所以就一直用叛逆的行為來抗爭。但透過這一場病，他知道自己也能像哥哥那樣受到家人的喜愛，也因此學會了透過好好表現來獲取父母的關注。

在此，我們需要注意的是，疾病會給兒童留下不可磨滅的印象。孩子們通常會對威脅生命的疾病和死亡感到震驚。疾病留在他們心靈上的印記，會在之後的生活中顯現出來。我們發現許多人對疾病和死亡產生了興趣，他們當中的一部分人能好好利用這一興趣幫自己走得更好，成了醫生或者護士；但更多的人卻從此擔驚受怕，無法走出疾病的陰霾，嚴重地妨礙他們從事有意義的工作。透過調查上百名女孩的經歷，我們發現，有近50%的女孩承認她們人生中最大的恐懼就是對疾病和死亡的想像。

因此，父母要保護好自己的孩子，盡量避免他們過多地受疾病影響。父母應該讓孩子了解關於疾病的知識，好讓他們有足夠的心理準備，盡可能避免其受到突如其來的疾病的打擊。應該讓孩子有這樣的認知：人的生命是有限的，重要的是要活得有意義。

兒童生活的另一個「難關」是跟陌生人或跟家裡的親戚朋友接觸。兒童跟這些人接觸可能會讓其犯錯，因為這些人對孩子並不是真正感興趣。他們喜歡逗兒童玩，或在最短的時間內做那些讓孩子印象深刻的事情。他們誇張地稱讚孩子，

第十一章　外部環境對孩子的影響

導致孩子的自信心膨脹，變得自負起來。他們在與孩子的短暫相處中，會盡力寵愛和縱容他們，這樣做會不利於對孩子的正常教育。所以，我們應當盡量避免此類情況發生，不應讓陌生人干擾父母對兒童的正常教育。另外，陌生人通常會搞錯兒童的性別，把小男孩說成是「漂亮的女孩子」，或者把小女孩說成是「漂亮的男孩子」。這同樣需要避免，我們將在孩子的「青春期和性教育」一章裡進行詳細討論。

訓練兒童的合作能力：
生活封閉會造成精神錯亂

家庭環境對孩子是十分重要的，因為兒童可以透過家庭了解到家庭參與社會生活的情況。換句話說，兒童關於人與人之間合作的最初印象是從家庭環境中獲得的。如果兒童在封閉的、不與人交往的家庭中成長起來，他們會把家人和外人分得很清。他們感覺到家庭與外部世界之間似乎存在著巨大的鴻溝，在看待外部世界的時候會充滿敵意。這樣的家庭無法推進與外部世界的社會關係，也會讓兒童疑心重重，使他在與人交往的時候只想謀求自身利益。這對培養兒童的社會情感是很不利的。

兒童到了 3 歲，就應該鼓勵他們和其他兒童一塊玩耍，逐漸消除其對陌生人的恐懼感。否則，以後孩子與陌生人接觸時就會局促不安、會害羞，對他人會產生敵對的態度，這在那些受到溺愛的兒童身上經常發生。這樣的孩子總是「排斥」他人。

如果父母能較早地發現並矯正兒童的此類問題，那麼，兒童長大後就可以免去很多麻煩。如果一個兒童在 3～4 歲

第十一章　外部環境對孩子的影響

時能受到良好的教育，能在家長的鼓勵下和其他兒童一塊玩耍、參與集體活動，他就不會害羞和以自我為中心，也不會患上精神官能症或精神錯亂。只有那些生活封閉、對人不感興趣、無法合作的兒童才會患有這些病症。

談到家庭環境這一話題，我們不得不提到家庭經濟狀況變化給兒童的成長帶來的不利影響。如果原本富裕的家庭突然陷入貧困的境地，尤其是發生在兒童年幼時，會對其造成非常明顯的傷害。這種情況對於深受溺愛的兒童來說更難接受，因為他已經習慣被人寵愛和關注。現在，他不再像從前那樣享受優越的待遇。他會非常懷念過去的生活，也會抱怨現在的生活。

如果家境突然由窮困變得富裕，對兒童的成長也不一定是件好事。父母會不知道怎樣合理理財，尤其會在兒童的問題上犯錯。他們想辦法讓兒童過上優越的生活，寵愛和縱容他們，因為他們覺得現在用不著再省錢了，於是在暴富之家往往會出現問題兒童。

如果恰當地訓練孩子的合作精神和合作能力，就能避免類似的問題和不良後果。我們要注意的是，上述的各種情形就像一扇扇敞開的大門，兒童總會找到方法逃避對其合作精神和能力的訓練。

偏見帶來的傷害：
羞辱者和被羞辱者同樣受傷

兒童的心理不僅會受到物質條件的影響，例如貧窮或者暴富，還會受到不良精神環境的影響。在這方面，我們首先想到的是來自家庭的心理方面的偏見，這種偏見可能是家庭成員的個人行為導致的。例如：父母曾在社會上做過丟人現眼的事情，兒童的心理可能會受到很大打擊。他會對未來充滿恐懼和不安，想著躲避同伴，生怕被人知道父母是那樣的人。

身為父母，我們的責任不僅僅是教兒童讀書、寫字和算數，還要為他們提供一個健康的心理成長環境。這樣，孩子就不會比其他孩子承受更大的壓力。因此，如果一個父親是酒鬼或者脾氣暴躁，他需要意識到這些都會影響兒童的成長。如果父母的婚姻不幸福，經常吵架，也會傷害兒童。

孩提的經歷會在兒童的心靈深處打下深深的烙印，不會輕易被磨滅。當然，如果兒童能學會如何與他人合作，就能夠消除這些影響。然而，這些經歷造成的影響卻成為他與人合作的障礙。這也是近年來學校裡兒童諮商診所流行起來的

第十一章　外部環境對孩子的影響

原因。如果父母因某種原因無法履行好自己的職責，就要由受過特定心理訓練的教師來承擔這一工作，他們會耐心指導兒童，並讓其過上健康的生活。

除了由於個人情況而導致的偏見以外，還有因為國籍、種族和宗教等原因而產生的偏見。我們發現，這種偏見會讓受到羞辱的兒童和羞辱兒童的人都受到傷害。後者會因此變得傲慢、自負，相信自己比任何人都優越，他們會給自己定一個優越的目標並嘗試達成這一目標，但最終都會以失敗告終。

民族之間和種族之間的偏見常常是戰爭爆發的根本原因。如果要促進人類文明的進步，就必須消除這種會給人類釀成大禍的偏見。教師的責任就是向兒童講清楚戰爭的真實面目，而不是縱容孩子透過武力去追求優越感。這並不是我們為以後的文明生活應做的準備。很多的孩子長大以後投身軍旅是因為他們幼時曾受過軍事教育，但除了這些孩子，還有更多的人因為小時候的打鬥遊戲導致了心理上的殘缺進而影響以後的生活。他們變得好勇鬥狠，始終不懂得如何與人和睦相處。

在聖誕節或別的節日中，父母要慎重地為孩子挑選玩具。父母應該杜絕孩子玩刀槍棍棒一類的玩具和進行戰爭遊戲，也不要讓他們閱讀那些英雄崇拜一類的書籍。

偏見帶來的傷害：羞辱者和被羞辱者同樣受傷

　　至於幫兒童挑選何種玩具，需要注意的地方有很多。一條基本的原則是，我們應該挑選能在玩耍中培養兒童的合作精神和激發他們的創造力的一類玩具。如果兒童動動腦筋，親自動手製作玩具的話，當然會比玩那些像布娃娃、玩具狗之類的現成玩具更有意義。順便說一下，我們要教育兒童尊重動物，不要把動物視為玩具，而要把其當作人類的夥伴。他不應懼怕動物，也不應對其任意使喚或者殘忍虐待。如果發現兒童虐待動物，他們可能有控制或者欺負弱小者的傾向。我們要教育兒童，小鳥、小狗和小貓等動物能夠像人一樣能感受到痛苦。學習與動物相處，是兒童學習與成人進行社會合作的準備階段。

第十一章　外部環境對孩子的影響

來自親戚的誤傷：
任何人不得干涉父母的教育

兒童平時總會接觸到一些親戚，首先不得不提到的是祖父母。我們必須客觀冷靜地看待這些祖父母的處境與命運。在當今社會，祖父母的處境多少有些悲涼之感。隨著年齡的增長，他們理應不斷開拓、充實自己，有更多的發展空間，培養出更廣泛的興趣愛好。但在當今社會，情況卻恰恰相反。老年人感覺自己被社會拋棄，甚至無人問津。這十分可惜，因為這些老人還可以做很多事情，如果他們能有更多的機會工作和奮鬥，會感覺幸福快樂得多。因此，我們不建議讓一個 60 歲、70 歲，甚至 80 歲的老人從職位上退下來。一個人繼續他的事業，比改變他的整個生活計畫要容易得多。但是，由於錯誤的社會風俗，那些老人在仍然充滿活力的時候就被晾在一邊，無人問津了。他們失去了表現自我的機會。

這樣會造成什麼結果呢？老年人受到的錯誤對待會波及我們的孩子。祖父母總是想方設法去證明他們仍然精力充沛，還有用處。於是，他們總是對孫子、孫女的教育插一

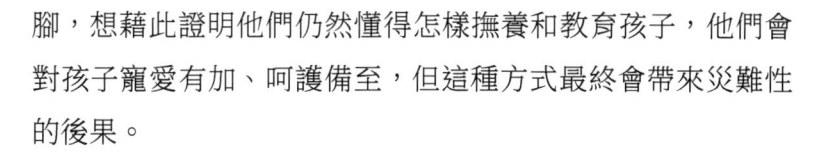

腳,想藉此證明他們仍然懂得怎樣撫養和教育孩子,他們會對孩子寵愛有加、呵護備至,但這種方式最終會帶來災難性的後果。

我們應盡量不去傷害到這些善良的老人家的感情。我們應該為這些老人創造更多的機會,但也應該讓他們明白:孩子需要獨立長大成人,不應成為任何人逗樂的寵物,也不應將他們牽扯進家庭的糾紛中去。如果老人和孩子的父母發生爭論,應讓他們自行解決,但千萬別讓孩子也深陷其中。

在研究心理疾病患者的生活經歷時,我們發現大部分患者都曾受到祖父或祖母的溺愛。這樣一來,我們就可以明白為什麼祖父母的溺愛會妨礙兒童的成長了。因為溺愛要麼意味著過度縱容,要麼意味著挑起孩子間的相互競爭和嫉妒。很多的小孩會告訴自己:「爺爺最喜歡我!」一旦他們在別人那裡不是最受寵的人,就會覺得受到了傷害。

除此之外,還有其他可能會影響兒童成長的親戚,他們就是「出色的表兄弟姐妹」,他們有時會給孩子帶來很多麻煩。不難想像,在人們當著一個孩子的面,誇獎他的表兄弟或表姐妹聰明又好看時,這個孩子會有多難過。但是如果這個孩子有自信或具有良好的社會意識,他就會明白大人們所說的「了不起」的意思只不過是說受到了更好的訓練和有著較為充分的準備罷了,他也可以努力趕上。然而,如果這個

第十一章　外部環境對孩子的影響

孩子認為他的表兄弟姐妹了不起是天生的，他就會產生自卑感，覺得命運對自己不公平。漂亮的外表當然是大自然的饋贈，但如今的社會文明誇大了它的價值。如果兒童想到自己的長相不如別人，心裡就會不舒服，那他的生活方式也會因此出現問題。甚至過了 20 年，人們還是會跟兒時一樣羨慕和嫉妒漂亮的表兄弟或表姐妹。

為避免這種因注重外表而造成的傷害，唯一的方法就是讓兒童明白：健康和與人相處的能力，比外表漂亮更加重要。當然，外在美有其價值，外表帥氣總比相貌醜陋更讓人歡喜，這自然不用多說。但如果要對生活進行合理規劃，就不能把一種價值和其他的價值分離開來，也不能將其中一種價值奉為至高無上的目標。我們對外在美的態度也應該如此。一個人徒有其表並不能保證他能過上理性和愉快的生活。

事實證明，作奸犯科的人當中除了樣貌醜陋的以外，也不乏英俊帥氣的人。我們不難理解這些相貌出眾的孩子走上違法犯罪道路的原因：他們知道自己長得招人喜歡，以為這樣就可以不勞而獲。他們沒做好充足的生活準備。但後來他們發現，不努力就無法解決實際問題。於是，他們就選擇了一條最輕鬆的捷徑，那就是犯罪的道路。正如詩人維吉爾所說：「下地獄之路最為輕鬆容易。」

挑選讀物：
幫助兒童選擇合適的讀物

在這裡我們還有必要簡單談談兒童讀物。究竟該讓兒童閱讀些什麼樣的書籍？童話故事應該怎樣處理才適合兒童閱讀呢？像《聖經》這樣的書，應如何讓兒童閱讀呢？這裡重要的一點是，人們常常會忽視兒童理解事物的方式和成人截然不同，他們會根據自己的獨特興趣來理解事物。如果一個兒童生性膽小，他就會在《聖經》及童話中尋找讚賞他這一性格特徵的故事，這樣他就會一直膽小下去。我們需要對童話故事和《聖經》的某些段落加上評論和闡釋，以便兒童能理解故事的原意，而不是任憑他的主觀臆斷。

童話故事深受兒童喜愛，甚至成年人也能從中受益。但我們需要注意，今天的兒童會對在特定的年代和地點下創作的童話故事產生一種距離感。孩子很難理解其中的時代差異和文化差異。他們閱讀到的是作者在完全不同的年代寫作而成的故事，其中的世界觀與如今的世界觀有很大差異。童話故事裡面總有一個王子，他會受到讚賞和美化，他的整個性格都是一種十分迷人的方式描繪出來的。

第十一章　外部環境對孩子的影響

　　這類故事當然是虛構的，僅僅是一種文學上的表現手法，也是對某個需要強化皇權的時代的合理虛構。我們應該讓兒童了解故事背後的事實，讓他們知道這些故事的背後是人們的想像和幻想；否則，孩子在成長中遇到困難時總會想要尋找最簡便的捷徑。例如：某一個12歲的小男孩在被問到他的理想時，他說：「我想做一個無所不能的魔法師。」

　　如果我們給童話故事加上適當的註解和評論，就可以讓它們成為培養兒童合作精神和開闊眼界的工具。

　　至於電影，有人認為家長帶著不滿週歲的兒童看電影不會有任何問題，但年齡稍大一些的兒童經常會誤解電影的內容，甚至童話劇的含義。例如：一個4歲兒童在劇院曾看過一出童話劇，多年以後，他仍然相信在這世界上有賣毒蘋果的婦人。很多孩子無法正確地理解電影的主題，或倉促、主觀地概括電影。這時，父母有必要向孩子解釋清楚觀看的內容，讓他們有一個正確的認知。

　　閱讀報紙是另一種外在影響，應盡量避免兒童接觸。因為報紙的閱讀對象是成年人，不能反映孩子的視角和看法。在某些地區也有一些專門的兒童報紙，這當然是一件好事。但普通報紙會讓沒有做好準備的兒童對生活留下一種扭曲的印象，特別是那些對不幸事故的報導最終會讓兒童感到極其沮喪和壓抑。孩子會覺得生活中充滿了謀殺、犯罪和各種

挑選讀物：幫助兒童選擇合適的讀物

天災人禍。我們可以從成人的口中，得知他們在小時候多麼害怕火災的發生，這種恐懼又給他們的心靈帶來多麼長久的困擾。

　　本章談到的教育者在教育兒童時應該注意的幾個方面，這些雖然不是影響兒童成長的全部外在因素，但它們卻是其中最重要的一部分。父母和教師在教育孩子的過程中，一定要將這些外來的影響考慮在內。個體心理學家必須不厭其煩地重申「社會情感」和「勇氣」這兩個最基本的概念，這兩個基本概念同樣適用於其他問題。

第十一章　外部環境對孩子的影響

第十二章
青春期和性教育

> 和之前的任何一個階段相比,青春期更能看出一個人的生活方式,因為青春期比童年期更接近成年人。這時,一個人更容易顯現出他對生活的態度——是否有與人交往的欲望,是否產生了社會情感和社會興趣。

第十二章　青春期和性教育

青春期：
最能展現一個人的生活風格

　　市場上有關青春期的書籍不計其數。青春期是個重要的話題，但這裡強調的重要性並不是人們通常意義上理解的那樣。我們發現，兒童在青春期的表現各有不同：有的勤奮上進，有的笨拙遲鈍，有的穿戴整潔，有的邋裡邋遢等等。我們也發現，有一些成年人甚至老年人的行為舉止仍像處於青春期的孩子。從個體心理學的角度來看，這種現象並不奇怪，只能說明這些人在青春期就停止了成長。

　　事實上，個體心理學認為，青春期是每個人必經的一個成長階段。我們不認為成長中的任何階段或者任何環境都能改變一個人，但成長中的任何一個階段都是一個新的情境，它們具有測試作用，能把一個人在過去形成的性格特徵顯現出來。

　　例如：一個孩子如果在童年時期受到過嚴厲的管教，他無法體會到自己的能力，也不會表達出自己的看法。等他到了青春期，他就會像掙脫了身上的枷鎖一樣在生理和心理上都快速成長。但有的孩子卻十分依戀過去，找不到正確的成

長途徑，於是止步不前。他們對生活喪失興趣，性格也越來越內向。這表明他們沒有在童年時期被壓抑，所以也缺乏在青春期尋求能量爆發的欲望。相反的，種種跡象表明他們在童年時期受到父母的溺愛，到了青春期面對生活時缺乏準備。

和之前的任何一個階段相比，青春期更能看出一個人的生活方式，因為青春期比童年期更接近成年人。這時，一個人更容易顯現出他對生活的態度──是否有與人交往的欲望，是否產生了社會情感和社會興趣。

一個極度缺乏社交興趣的人反而會用一種誇張的方式表現出他的社交興趣。比如：對於那些處於青春期的孩子來說，他們的社會興趣缺乏一種分寸感，一心只要為了他人而犧牲自己的利益。他們在社交中做出過度的調節，這樣並不利於自己的成長。然而，如果一個人想要真正對他人感興趣，想為他人服務，那麼他首先要做好自己的事情，他必須先有東西才能有所奉獻，否則到頭來還是一場空。

我們還可以看到，很多14～20歲之間的青少年喪失了社會興趣。他們在14歲時離開了學校，與過去的同學和朋友失去聯絡，而新的人際關係還沒建立起來。在這一段時間裡，他們會感到自己完全脫離了社會。

接下來要討論的是職業問題。透過青春期的表現，可以

第十二章　青春期和性教育

看出一個人的生活方式，從這個人的生活方式中能看出他的職業態度。有些青少年表現得獨立自主，工作出色，這說明的他們的成長道路是健康的。但有些人在青春期卻停止了成長，他們要麼找不到適合自己的職業，一直在不停地改變——不是換工作就是轉學校；要麼就無所事事，根本不願意工作。

這些問題並不是在青春期發生的，而是在青春期之前就已經產生了，只不過是在青春期才明顯展現出來。如果我們能夠真正地了解孩子，給予孩子更加獨立自主和表達自我的機會，而不是像童年時期一樣受到嚴密的看管和限制，他能表現得更好。

現在談談個體生活中的第三個根本問題：愛情和婚姻。從一個青少年對這個問題的回答中，可以顯露出他怎樣的人格呢？我們會發現，他的回答與他青春期之前的生活密切相關，只是他在青春期強烈的心理活動下顯得更加清晰和準確了。我們能發現，一些青少年很清楚自己應該如何面對愛情問題——他們要麼表現得很浪漫，要麼表現得很勇敢。但無論是哪種表現，他們的行為都是十分合理規範的。

有些孩子與上述的孩子恰恰相反，他們在對待異性的問題上則表現得很極端。越是接近成人的生活，越能暴露他們準備不足的缺點。觀察一個人在青春期的人格表現，我們能

更可靠地判斷出他在將來的生活行為。因此，我們自然也就知道怎麼做才能改變他們未來的生活。

如果一個青少年對異性十分排斥，那麼回顧他以前的生活，就可以發現他或許是個好鬥的孩子。可能是家裡別的孩子更受寵愛，讓他覺得十分沮喪。這導致他認為自己應該勇往直前，並擺出一副傲慢的派頭，拒絕一切有關情感的事情。所以，他對異性的態度反映的其實就是他童年的經歷。

第十二章　青春期和性教育

青春期畫像：
青春期孩子不良行為的成因

很多青春期的孩子經常渴望離家出走。這是因為他們不滿意自己的家庭狀況，所以總是尋找機會跟家裡斷絕聯絡，不想再接受家裡的幫助。但是，這種幫助對孩子和父母都是有好處的。因為孩子一旦遇到無法克服的挫折，他就會以父母沒有幫助自己作為失敗的藉口。

那些一直住在家裡的孩子也同樣有離家的傾向，只不過他們的渴望沒有這麼強烈。他們會利用每一個可能的機會夜不歸宿，因為晚間外出比靜靜地待在家裡更有樂趣。孩子的這種做法是對家庭無聲的控訴。這樣的跡象表明孩子在家裡感覺不到自由，處處都受到父母的約束和看管。因此，他沒有機會去表現自己，更沒有機會發現自己的錯誤。青春期是這類孩子開始表現自我的危險時期。

許多孩子在青春期會比以前更加強烈地感覺到失去了他人的表揚。或許，以前在學校他們是好學生，得到過老師的充分肯定。接著，他們突然轉到了一所新的學校，或者進入了一種新的社會環境，或者從事了一門新的職業。我們知

青春期畫像：青春期孩子不良行為的成因

道，很多學生沒有把這種優秀保持下去。他們似乎發生了某種變化，但實際上什麼都沒有改變，只是他們在新的環境中無法像過去一樣顯示出自己的真實性格了。

由此看來，要想避免青春期的孩子產生這些問題，最好的辦法就是培養孩子與他人的友誼。孩子應該多結交良師益友，家庭成員應該相互信任，孩子也應該信任父母和老師。實際上，孩子到了青春期，只有那些在此之前一直理解孩子並且能夠跟孩子保持朋友關係的父母和教師，才能繼續引導孩子。而其他指導者都會遭到孩子的排斥，甚至會被當作外人或敵人。

我們發現，有些處於青春期的女孩子會表現出她們對女性角色的厭惡，她們會試圖模仿男孩子。當然，她們模仿的是男孩子在青春期的壞毛病，例如抽菸、喝酒、拉幫結派等等，因為模仿這些壞毛病遠比模仿他們努力工作的優點要容易得多。這些女孩子還會解釋說，如果她們不模仿這些行為，就不會有男孩子對她們感興趣。

如果仔細分析青春期女孩子的這種男性主張，就會發現這種女孩從很小的時候開始就不喜歡她們的女性角色。直到青春期，這種厭惡才有明顯的表現。所以，認真觀察青春期女孩子的行為是非常有必要的，因為只有在這個時期，我們才能看到她們對將來性別角色的態度。

第十二章　青春期和性教育

◇◇◇

青春期的男孩子大都喜歡樹立一個見多識廣、無所畏懼、自信十足的男人形象。另一類男孩子則害怕自身的問題，對成為真正的男子漢缺乏信心。如果之前對他們在男性角色的教育上存在某種缺陷，那麼這些缺陷就會在青春期暴露出來。這些男孩子脂粉氣十足，行為舉止像個女孩，甚至養成賣弄風情、忸怩作態的壞習慣。

在男孩成長過程中，有一些男孩子的表現和這種極端的女性化類似，他們表現得極端男性化，把男性的特質以極端的惡習展現出來。他們酗酒縱慾，有時甚至為了炫耀自己的男子氣概而不惜犯罪。這些極端的表現常常出現在那些想獲得優越感、想成為領袖、想令人刮目相看的男孩身上。

雖然這類男孩表現得肆無忌憚和野心勃勃，但實際上他們的內心非常怯懦。在美國就有一些這樣的例子，比如希克曼、利奧波德和羅伯。研究他們的生活經歷就可以發現，他們總是尋求一種輕鬆容易的生活，渴望不勞而獲或者一勞永逸。這類人表面上非常積極，實則缺乏勇氣，這正是那些問題兒童同時具有的兩種特徵。

有些處於青春期的孩子會第一次動手毆打他們的父母。那些忽視了人格統一性的人會以為是孩子突然變了，但如果仔細研究曾經發生的事情，就會發現他們的性格其實沒變，只不過他們現在具備了實施這種行為的能力和機會。

青春期畫像：青春期孩子不良行為的成因

　　值得我們注意的另外一點是，每個處於青春期的孩子都面臨著這樣的考驗，即他覺得必須要做點什麼來證明自己不再是個孩子。這種想法當然很危險，因為每當我們感到自己需要證明什麼時，我們就會做得太過。青春期的孩子也是如此。

　　這確實是青春期孩子最常犯的一個毛病。解決這一問題的辦法是，告訴他們不需要讓別人相信自己不再是個孩子。這樣或許可以避免他們做出一些過度的行為。

　　有一種類型的女孩子會誇大她們和異性的關係，她們表現出「痴迷男孩子」的樣子。這類女孩子總和她們的母親吵個不停，總認為自己受到壓制（或者的確受到壓制）。她們會隨便和碰到的男性搭上關係，只是為了激怒母親，她們看到母親為此大發雷霆的樣子就會十分開心。不少離家出走的女孩，因為和母親慪氣或是因為父親對她太過嚴厲，還會和男性發生初次性行為。

　　諷刺的是，父母望女成鳳，對女兒監管過嚴，但由於這些父母對人的心理知識缺乏相關認知，沒有幫助女兒做好準備，以面對她們必然要經歷的事情，最終導致女兒變壞。父母在孩子小時候總想把她們保護起來，沒有對她們進行獨立性和判斷力的訓練，教她們學會避免青春期的陷阱。

　　這些問題有時並不是青春期出現的，而是出現在青春期

第十二章　青春期和性教育

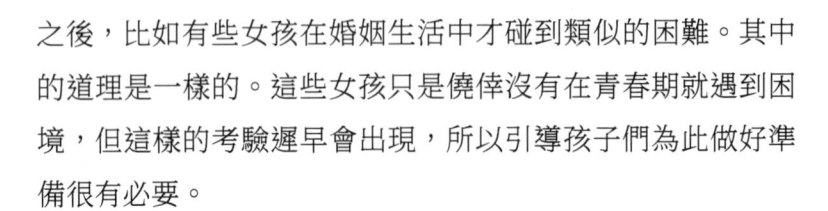

之後,比如有些女孩在婚姻生活中才碰到類似的困難。其中的道理是一樣的。這些女孩只是僥倖沒有在青春期就遇到困境,但這樣的考驗遲早會出現,所以引導孩子們為此做好準備很有必要。

這有一個事例能具體說明青春期女孩碰到的問題:

有一個 15 歲的女孩出身於一個非常貧窮的家庭,很不幸的是,她還有一個長年生病的哥哥,一直由母親照料。這個女孩從幼年起,就意識到她受到的待遇和哥哥有很大不同。在女孩出生的時候,她的父親也患病了。因此,她的母親不得不同時照料她的父親和哥哥兩個人。這對女孩缺乏關愛的處境無疑是雪上加霜。這個女孩目睹了自己的父親和哥哥都得到關心和照顧,心中對於得到關愛的渴望也愈發強烈。尤其是,不久以後她的妹妹也出生了,她更是失去了僅有的那麼一點關注。湊巧的是,她妹妹出生以後,她的父親也康復了。所以,她妹妹比幼時的她獲得更多的注意和關心。孩子對這一切都是很敏感的。

這個女孩為了彌補在家裡無法得到的注意和關心,就在學校拚命努力地讀書,她成了班上最優秀的學生。因為她成績出色,老師就建議她去讀中學。但在她進入中學的時候,情況發生了改變。因為新的老師不認識她,自然也沒有那麼讚賞她,她的成績就不再像從前一樣出色了。她想得到關注的渴望更加強烈,但現在不僅在家裡得不到,在學校也得不到了。於是,她就在外面尋找欣賞自己的人。她和一個男人

同居了兩個星期後，這個男人就厭倦她了。事情將如何發展是可以預料的。

與此同時，她的家人十分擔心，到處尋找她的下落。後來，他們收到她的一封來信，信上寫道：「我服毒了，別擔心——我很幸福。」很明顯，在她追求幸福和讚賞的努力失敗以後，下一個念頭就是自殺。然而，她並沒有真的自殺，她只是用所謂的自殺嚇唬父母，並以此求得父母的原諒。她繼續在街上閒逛，直到母親找到了她，把她帶回家裡。

如果這個女孩能意識到自己所做的一切只是想獲得關注，那麼所有這些事情就不會發生了。同樣，如果女孩的中學教師能意識到這個女孩的成績很優秀，而她需要的只是多一點的關注，那事情也不會發展到這種地步。這一連串發生的事情，不論在任何一個環節採取了適當的措施，那個女孩後來發生的事都是可以避免的。

第十二章　青春期和性教育

正確的性教育：
合作、友好地幫孩子形成正確認知

從這裡可以引出對孩子的性教育問題。近年來，人們把性教育的問題過分誇大了，甚至已經到了喪失理智的程度。有人認為，應該在孩子的各個年齡層都開展性教育，他們把孩子因性無知而帶來的危險過分誇大了。但如果我們觀察自己以及別人的性教育經歷，就會發現他們想像的種種危險並不存在。

從個體心理學上來說，孩子在兩週歲的時候就應該清楚地知道自己的性別，而且他（她）還要知道自己的性別是不可以改變的 —— 男孩長大後會成為男人，女孩長大後會成為女人。如果孩子能明白這點，即便缺乏其他方面的性知識也不會有太大危險。要讓孩子明白，教育女孩不能像教育男孩那樣，同樣教育男孩也不能像教育女孩那樣，這樣他們就能形成固定的性別角色，也就能以正常的方式對自己的性別角色做準備。但如果孩子相信，用某一種神奇的方式就能改變自己的性別，那就會產生問題。

同樣，如果父母總表現出想改變孩子性別的願望，也會

正確的性教育：合作、友好地幫孩子形成正確認知

給孩子造成麻煩。在《寂寞之井》一書中，就有一段絕妙的文字描繪這種情況。父母經常把女孩當成男孩來教育，或者把男孩當成女孩來教育。他們讓孩子男扮女裝或者女扮男裝，然後替他們照相。有時候，一個女孩看上去像個男孩，周圍的人就會用稱呼男孩的方式稱呼她。其實，這會給孩子造成很大困擾，我們最好避免這種情況出現。

我們還應該避免那些有貶低女性傾向和主張男性優越的性別觀念，應該讓孩子明白男女是平等的。這一點很重要，這不僅能防止女孩產生自卑情結，也能避免對男孩造成不良的影響——如果男孩們受到男性優越論的教育，那他們就可能會把女孩子視為洩慾的對象。如果我們能教育他們了解自己未來應當承擔的責任，他們也就不會以鄙陋的目光看待兩性關係。

換言之，性教育的關鍵不僅在於向孩子解釋兩性的生理知識，還要培養孩子正確的愛情觀和婚姻觀。這跟孩子的社會適應能力息息相關。如果孩子的社會適應有所偏頗，就會對性的問題採取一種玩世不恭的態度，並完全以滿足自我的慾望為出發點看待與性有關的事情。這種情況並不少見，說明我們的文化存在一定缺陷。在這種情況下，由於男人占據有利位置，女性往往會成為受害者。但男性其實也是受害者，因為他獲得的優越感是虛無縹緲的，無法真正感受到人

第十二章　青春期和性教育

的內在價值。

至於性生理方面的教育，孩子沒有必要過早地接受這些問題。父母可以等到孩子對這些事情產生好奇心，想具體了解的時候再告訴他們。假如孩子對這些問題羞於啟齒，更關注孩子需要的父母可以在適當的時候主動告訴孩子這方面的事情；如果孩子把父母當作朋友，他們自然會向他們提問。但我們在解釋孩子的問題的時候，要用恰當的方式讓他們理解，同時要避免給他們帶去不必要的刺激或引發他們產生性衝動。

還有一點要注意，如果孩子有明顯的性早熟現象，我們不要大驚小怪。實際上，在孩子出生後的幾週，就已經開始性發育了。嬰兒肯定也能感覺到性的快感，有時他會人為地刺激自己的性敏感區。對於孩子的這些舉動，我們無須驚慌失措，但要盡量制止孩子的這種行為。如果孩子發現我們為這些事情過分擔憂，他就會故意繼續這樣做，以引起我們對他的注意。不要誤以為孩子這樣做是有性衝動，孩子其實只是利用他的習慣炫耀自己罷了。一般來說，大部分兒童都喜歡透過玩弄自己的性器官來吸引父母的注意，因為他們知道這是父母所害怕的事情。這和小孩子裝病的心理是一樣的，因為他們發現自己生病以後，就能夠得到大人更多的關心和照顧。

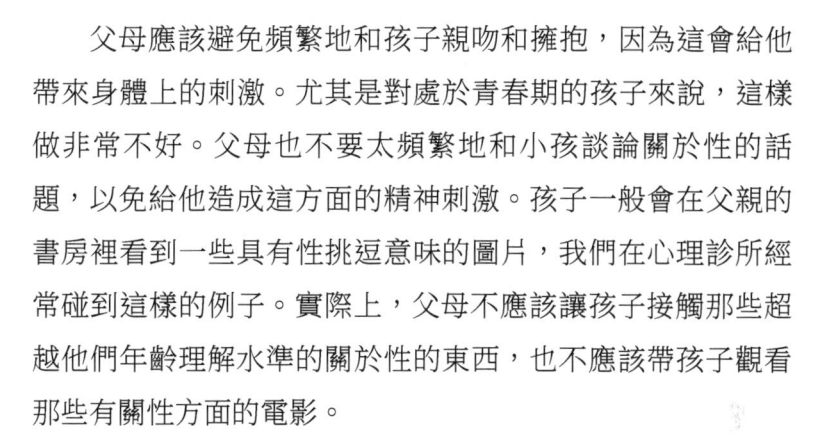

父母應該避免頻繁地和孩子親吻和擁抱，因為這會給他帶來身體上的刺激。尤其是對處於青春期的孩子來說，這樣做非常不好。父母也不要太頻繁地和小孩談論關於性的話題，以免給他造成這方面的精神刺激。孩子一般會在父親的書房裡看到一些具有性挑逗意味的圖片，我們在心理診所經常碰到這樣的例子。實際上，父母不應該讓孩子接觸那些超越他們年齡理解水準的關於性的東西，也不應該帶孩子觀看那些有關性方面的電影。

如果能避免孩子過早受到各種性刺激，那我們就不必擔心了。

我們只需在適當的時機給予他們簡單的解答，而且解答的方式一定要真實，而不是去刺激孩子的身體或性意識。重要的是，如果不想失去孩子的信任，就千萬不要欺騙孩子。如果父母能得到孩子的信任，他就會相信父母所說的話，從而不會輕易相信同伴在性方面的回答——大約有90%的人獲得的性知識是來自同齡人的。和使用種種藉口敷衍孩子的行為相比，父母和孩子那種朋友式的相互信賴和合作的關係更為重要。

如果孩子有過多或者過早的性經歷，他們後來就會對性失去興趣。這就是不要讓孩子看到父母做愛的原因。如果條件允許的話，孩子也最好不要和父母同住一個房間裡，當然

第十二章　青春期和性教育

更不應該睡在同一張床上。同樣,兄弟和姐妹也最好不要住在同一個房間裡。父母還應該留意孩子的行為是否得宜,也要注意到外界環境對孩子的影響。

上述討論了性教育這一問題的幾個要點。性教育和其他方面的教育一樣,關鍵是要在家裡形成一種合作、友好的精神。有了家庭合作的基礎,孩子從小就對自己的性別角色和男女平等有正確認知,這樣,他就能做好準備來面對日後會遇到的各種危險。重要的是,他已準備好以健康的態度迎接未來的人生。

第十三章
教育的錯誤

> 　　父母或教師在教育孩子的時候會碰到許多問題,但都不應該灰心喪氣,不能因為付出的努力沒有立刻得到回報就氣餒。當孩子表現出冷淡漠然的態度,或者他們的回應很被動,不要因此就產生挫敗感;也千萬不要受到孩子有無天賦的迷信說法的影響。

第十三章　教育的錯誤

了解孩子的壓力：
最重要的是教育而不是天賦

　　父母或教師在教育孩子的時候會碰到許多問題，但都不應該灰心喪氣，不能因為付出的努力沒有立刻得到回報就氣餒。當孩子表現出冷淡漠然的態度，或者他們的回應很被動，不要因此就產生挫敗感；也千萬不要受到孩子有無天賦的迷信說法的影響。個體心理學家認為，對所有兒童都要盡最大努力幫助和教育他們，要給予他們勇氣和信念，激發他們內心的潛力。我們要教育孩子不把困難視為不可踰越的障礙，困難只是他們需要面對和解決的問題。雖然不是努力就會成功，但成功的例子足以補償那些沒有取得預期結果的努力。下面來看一個透過努力取得回報的案例。

　　這個案例是關於一個正就讀小學六年級的12歲小男孩：

　　他成績不好，但他自己卻對此持無所謂的態度。他之前的經歷很不幸。由於得了佝僂病，他直到3歲才會走路。3歲結束的時候，他只會說一些簡單的詞語。4歲的時候，母親帶他去看了一個兒童心理醫生，醫生說他這種情況沒有希望了，但他的母親不相信。她把孩子送進了一個兒童指導學

了解孩子的壓力：最重要的是教育而不是天賦

校。男孩在那裡的進步十分有限，學校給他的幫助也不多。他到6歲能上小學的年紀就去上學了。在小學的頭兩年，因為在家裡得到額外的輔助，他勉強通過了學校的考試。他後來又勉強地讀完三、四年級。

這個男孩在學校的情形是這樣的：他非常懶惰，還經常抱怨說自己不能集中精力聽課，總是分心。他和同學們相處得也不好，同學們經常戲弄他，他也總是表現得比其他人虛弱。在所有同學當中，他只有一個朋友。他很喜歡這個朋友，兩個人經常一起外出散步。他的教師也抱怨說，他的算術成績很差，寫作也不好，但教師還是相信他有能力取得和別人一樣的成績。

回看這個男孩過去的經歷以及他所能做的事情，可以看出，過去對這個男孩的治療是基於一個錯誤的診斷。其實，他有強烈的自卑感——也就是說，他一直受到自卑情結的困擾。在家裡，男孩有一個優秀的哥哥，在學業上表現得很優秀。於是，他的父母總是在外面誇耀自己的孩子天賦高，毫不費力就取得了好成績。但顯然，不努力學習就能掌握某種能力是不可能的。這男孩的哥哥在上課時集中注意力聽課，努力把課堂上學習的東西記在心裡，這樣他回到家就不用費很大功夫複習功課也能取得不錯的成績。而那些在學校聽課不夠專心的學生回家後就得溫習所學的功課。

這個男孩和哥哥之間有如此大的反差，以至於在生活中

第十三章　教育的錯誤

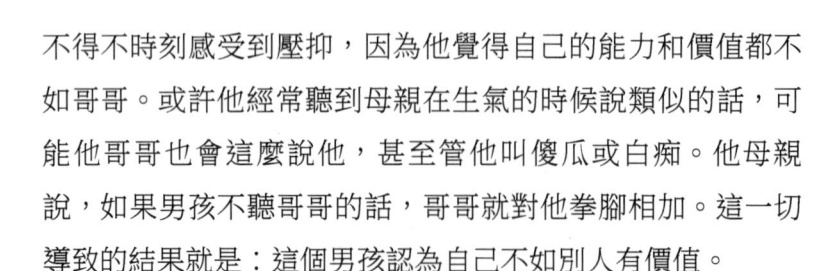

　　不得不時刻感受到壓抑，因為他覺得自己的能力和價值都不如哥哥。或許他經常聽到母親在生氣的時候說類似的話，可能他哥哥也會這麼說他，甚至管他叫傻瓜或白痴。他母親說，如果男孩不聽哥哥的話，哥哥就對他拳腳相加。這一切導致的結果就是：這個男孩認為自己不如別人有價值。

　　他的生活經歷似乎讓他更加相信了這一看法。他的同學們嘲笑他，他的功課總是錯漏百出，他上課也無法集中精力。每一個困難都讓他恐懼害怕。這男孩的老師總說，他在班裡、學校裡都沒有歸屬感。所以，男孩最終會相信自己擺脫不了目前的困境，也相信別人對他的看法是正確的。當一個孩子變得這樣灰心喪氣，甚至對將來徹底失去了信心時，是非常可悲的事。

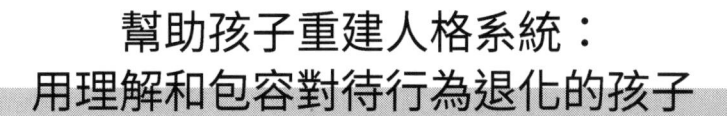

幫助孩子重建人格系統：
用理解和包容對待行為退化的孩子

　　當我們嘗試以輕鬆自然的方式和他談話時，不難發現他對自己失去了信心。我們發現他變得臉色蒼白、身體顫動。但我們並不是據此判斷出他對自己信心不足的，而是透過一個很小的細節：我們問及他的年齡時（我們知道他12歲），他小聲地回答說11歲。我們不能把這種錯誤視為偶然，因為孩子通常都清楚自己的確切年齡。我們提到過，這類錯誤都是有內在原因的。如果把他的生活遭遇和他這個回答結合起來，我們就可以發現：這個男孩對過去念念不忘。因為那個時候他更小，更弱，也更加需要別人的幫助。

　　我們可以根據已經掌握的事實，重建出他的人格系統。這個男孩並不想完成自己現階段力所能及的任務，也不想以此獲得肯定和認可。他覺得自己沒有能力與別人競爭。這種堅信自己落後於他人的一個具體表現，就是他想要減少自己的實際年齡。他的回答雖然是11歲，但某些情形下，他的表現卻無異於一個5歲的孩子。他深信自己不如別人，甚至試圖透過調節自己的所有行為來符合自己的這種看法。

第十三章　教育的錯誤

這個男孩在白天也會尿床，甚至無法控制自己的大便。這些症狀顯示，這個男孩寧願把自己視為一個嬰兒。這一切都證實了我們的判斷：這個男孩依戀他的過去，如果有可能，他想回到過去。

在這個男孩出生前，家裡有一個女家庭教師。她對男孩非常好，一有機會就代替男孩母親給予這個孩子照顧與幫助。我們已經知道這個男孩過去的生活，我們知道他早上起床要花很長的時間，家人們談起這個問題就心煩意亂。所以，我們可以得出這樣的結論：這個孩子不願意上學，他和同學們的相處不和睦，覺得飽受壓抑，也不相信自己能取得什麼成績。在這種情況下，他不可能喜歡學校。

但是，他的家庭教師卻說這個小孩願意去上學。事實上，他在最近生病的時候，還懇求家人允許他回學校上課。這一點和我們的判斷並不矛盾。但是，我們需要解答的問題就是：「家庭教師為什麼會做出錯誤判斷？」其實答案很清楚，也很有趣：這個男孩生病的時候，他就可以說自己想去上學，因為他很清楚，家庭教師會回答他說：「你病了，所以不能去上學。」他的家人當然不明白這種表面上的矛盾，所以他們也不知道如何應對。他的家庭教師自然也不知道這個男孩的真正想法，所以才以為他真的想上學。

前不久發生了另一件事情——這個男孩竟然拿了家庭

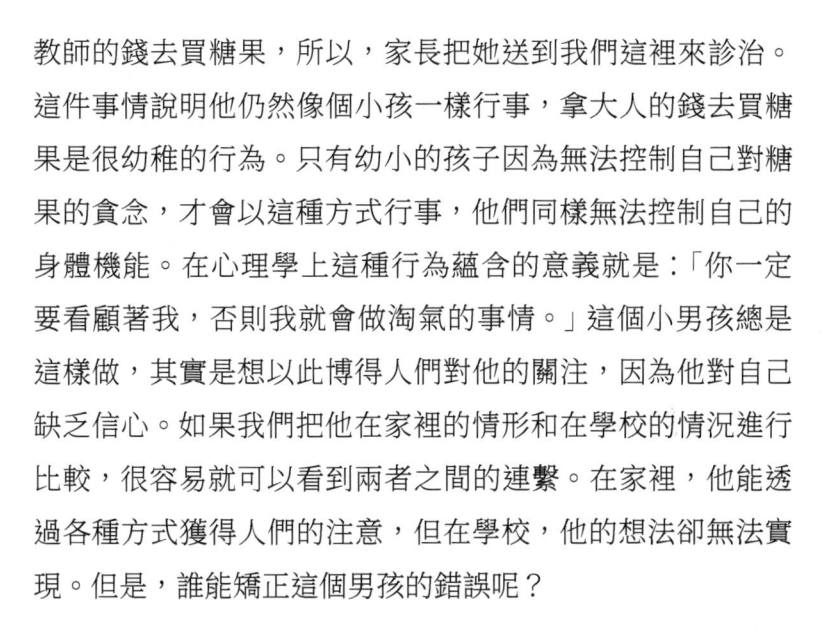

幫助孩子重建人格系統：用理解和包容對待行為退化的孩子

教師的錢去買糖果，所以，家長把她送到我們這裡來診治。這件事情說明他仍然像個小孩一樣行事，拿大人的錢去買糖果是很幼稚的行為。只有幼小的孩子因為無法控制自己對糖果的貪念，才會以這種方式行事，他們同樣無法控制自己的身體機能。在心理學上這種行為蘊含的意義就是：「你一定要看顧著我，否則我就會做淘氣的事情。」這個小男孩總是這樣做，其實是想以此博得人們對他的關注，因為他對自己缺乏信心。如果我們把他在家裡的情形和在學校的情況進行比較，很容易就可以看到兩者之間的連繫。在家裡，他能透過各種方式獲得人們的注意，但在學校，他的想法卻無法實現。但是，誰能矯正這個男孩的錯誤呢？

在這個男孩來到我們這裡之前，人們都覺得他是一個落後、低劣的孩子，但這個男孩實際上不是這種孩子。只要他能恢復信心，就是一個正常的孩子，同學們能做到的，他也一樣能做到。他總是偏向悲觀地看問題，在付出努力以前，就已做好失敗的準備。從行為舉止中，我們可以看出他極度缺乏自信，這點從教師給他的評語中也能得到證實：「不能集中精力，記憶力差，注意力不足，缺少朋友等。」他的不自信和消極的態度是一目了然的。他目前的客觀處境對自己十分不利，所以要改變他的態度，還是有很大難度的。

在他回答完我們的個體心理問卷以後，我們又和他進行

第十三章　教育的錯誤

了溝通。我們不僅僅要和男孩本人交談，而且還需要與和他有關的人進行溝通。首先就是男孩的母親。她早已對這個兒子不抱希望了，只想讓他能夠勉強完成學業，然後隨便找個工作。接下來，我們見了男孩的哥哥，他很瞧不起自己的弟弟。

我們問這個男孩：「你長大以後想做什麼？」對這個問題，他沒有給出一個明確的答案。這個問題很重要，一個接近成年的人卻不知道自己想要做什麼，這是肯定有問題的。的確，很多人後來並沒有從事幼時所渴望的職業，但這沒有關係，至少他們對這項職業抱有過希望。但如果一個孩子沒有具體想做的職業，那可能意味著他還沒有把注意力從過去轉移到未來。換言之，他在迴避未來，迴避任何與未來有關的問題。

這一點似乎和個體心理學的一個基本理論相背離了。我們一再提及每個兒童都有追求優越感的心理特點，也試圖說明每個兒童都想發展自己，希望超越別人，取得某種成就。現在，我們面對的這個男孩卻一反常情：他只想著退化，想變得幼小，想得到人們的照顧和幫助。我們對此又該作何解釋呢？事實上，人的精神世界的建設和發展並不是純粹、簡單的，它的原因和發展背景非常複雜。如果我們從複雜的情況中得出的結論非常簡單的話，我們就會出錯。任何錯綜複

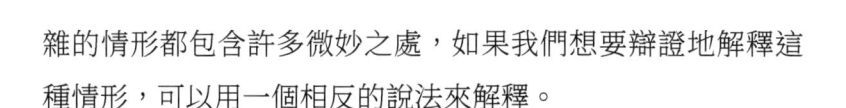

幫助孩子重建人格系統：用理解和包容對待行為退化的孩子

雜的情形都包含許多微妙之處，如果我們想要辯證地解釋這種情形，可以用一個相反的說法來解釋。

例如：這個男孩追求的方向是他的過去，因為他覺得只有這樣，才能讓自己強大並獲得想要的安全感。但如果對這個孩子的情況沒有透澈的了解，這種解釋就容易讓人費解。雖然這有點可笑，但事實上，這種孩子往他過去的方向發展是有他自己的道理的。因為這個男孩在他年幼、弱小、無助的時候，比起其他任何時候都更強大，更具有支配力。

既然這個男孩對自己沒有信心，認為自己做不好任何事情，那麼我們還能指望他願意面對未來，願意面對人們的期望嗎？所以，他對一切衡量個體實力和能力的處境，都躲避不及。這就導致他的活動範圍越來越窄，因為在這十分有限的活動範圍之內，人們就不會對他提出太多的要求。由此可見，他只能在很有限的範圍內追求他人的認可，這種認可和他在幼小無助時獲得的一樣。

我們不但有必要和母親和哥哥會面交談，而且還要跟他的父親和教師進行商議。這一系列的交談、商議需要花費很大精力，但如果我們能爭取到孩子教師的幫助，就能省去很多力氣。這雖然是可能的，但切實爭取到卻並不簡單。因為許多教師思想陳舊、墨守成規，他們覺得心理分析是一種另類的事情。其中也有教師擔心心理分析會讓他們喪失作用，

第十三章　教育的錯誤

或者認為心理分析干擾了他們的工作。事實當然不是這樣。心理學並不是一門能夠速成的科學，要掌握心理學需要潛心的研究和不斷的實踐。但是，如果一個人以一種錯誤的態度看待心理學，那麼心理學也不會帶給他多大用處。

寬容和忍耐是教育者必不可少的**素養**，尤其是對於教師而言。以一種開放的態度看待新的心理學觀點是明智的，儘管這些觀點與人們的一貫見解存在某些分歧。就今天的情況來看，我們也沒有權利斷然否定教師的意見。

那麼，在這種困難的情況下，我們該怎麼辦？根據我們的經驗，在這種情況下想幫助這個孩子走出困境的話，只能幫這個男孩轉學。而且，這種做法不會傷害任何人。沒有人知道究竟發生了什麼事情，但卻可以讓這個男孩卸下一副沉重的負擔。當他進入一個全新的環境，他不必時刻擔心遭受別人的反感和鄙視。但是，事情具體如何安排，並不容易解釋清楚。這與家庭環境有著密切的關係。對於不同的情況，處理方式也有所不同。然而，如果大部分教師對個體心理學有所了解，那在處理孩子的問題時，他們會更容易理解，並為孩子提供更好的幫助。

第十四章
對父母的教育

> 兒童的單一行為表現,一旦脫離這個兒童的整體人格,就毫無意義。只有把兒童的某一行為結合他的整體人格進行研究,才能對他的單個行為表現有更深入的理解。

第十四章　對父母的教育

善意的合作：
不武斷、不批評、不指責

之前我們已經多次指出，這本書是給父母和教師看的。他們可以從這些關於兒童心理生活的見解中獲益。在之前的章節中，我們沒有把重點放在兒童的成長和教育是受父母還是教師的影響，我們聚焦的關鍵是兒童能否得到恰當的教育。這裡的教育當然不是指學校中學科知識的傳授，而是兒童人格的發展。後者才是教育最重要的內容。

雖然父母和教師在教育孩子方面都發揮著不同的作用，父母可以彌補學校教育的不足，而教師可以彌補孩子家庭培養中的缺陷，但在當今的社會條件和經濟條件下，城市裡的孩子的教育工作大部分都由教師承擔。整體而言，父母並不如教師那樣易於接受新的思想，並且教師教育孩子是他們的職業興趣和職責所在。個體心理學把培養孩子為明天做好準備的希望主要寄託在學校和教師的改變上，儘管父母的配合也是必不可少的。

教師和父母在教育孩子的過程中，不可避免地會發生衝突。尤其是當教師在糾正孩子的錯誤時，而孩子的錯誤恰是

善意的合作：不武斷、不批評、不指責

源於父母教育工作的失敗。這種情況下，父母很容易把教師的教育看作是對他們教育工作的譴責。在這種情況下，教師應該如何處理和孩子父母的關係呢？

下面就來討論這個問題。當然，這些討論是站在教師的立場進行的，因為教師需要把和家長的關係問題作為一種心理問題來看待。那些為人父母的讀者看到下面的討論時，請不要生氣，這裡並沒有冒犯之意。這裡的討論針對的只是那些不夠明智的家長，而這樣的家長恰恰是教師必須要面對的普遍現象。

很多教師反映，跟一個問題兒童的父母打交道比跟一個問題兒童打交道更為困難。這就代表，教師和家長打交道需要運用一定的技巧和策略。教師首先應該知道，父母不需要為孩子的所有問題負責任。畢竟，父母並不是專業的教育工作者，通常只能依照傳統的方式教育孩子。如果因為孩子的問題被教師通知時，他們就像受到指控的罪人。這從他們內疚的心理上也能反映出來，所以教師需要運用技巧和策略來處理。教師應該想辦法將家長的情緒導向友好、坦率的方向，讓自己成為一個善意的幫助者。

即便有充足的理由責備家長，我們也不能這樣做。如果我們能和家長一起合作，說服他們改變以往的態度並採用我們的教育方法，那我們的教育工作就會取得更好的效果。直

第十四章　對父母的教育

接指出他們過去的錯誤，這是於事無補的。我們要做的就是盡力說服他們采取一種新的教育方法。直接指責家長，只會得罪他們，使他們不樂意配合我們。

冰凍三尺非一日之寒，孩子不可能很突然地犯錯。家長通常也會意識到自己在教育孩子的過程中有所忽視，但我們千萬不能讓他們發現我們也這樣認為。我們跟他們談話時不應生搬教條，即使是提建議時，我們也不應採用一種權威、命令式的口吻，而是應該採用「或許」、「可能」、「你可以這樣嘗試一下」等建議性的口吻。儘管知道問題出在哪裡以及糾正錯誤的方法，我們也不應該向他們貿然指出，以免給他們一種強加於人的感覺。毋庸置疑，不是每個教師都能運用這些技巧，這種技巧也不是短時間就能掌握的。有趣的是，富蘭克林在自己的自傳中也表達過類似的想法。他寫道：

一個教友派的朋友曾友善地告訴我，很多人覺得我為人高傲自大，尤其是在談話時更加明顯；在與人爭論問題時我並不止於滿足自己是正確的，而是流露出盛氣凌人的姿態，表現得目空一切。他為了說服我，還列舉了幾個例子。因此，我下決心努力改掉這個缺點，雖然我的缺點不止這一個。之後，我在自己列出的道德清單上增加了一條謙卑的要求，在這裡我指的是廣義上的謙卑。

我不敢吹嘘自己確實有了謙卑這一美德，但起碼我已經努力做出謙卑的樣子。我給自己定下這樣的規矩：絕不正面

善意的合作：不武斷、不批評、不指責

◇◇◇

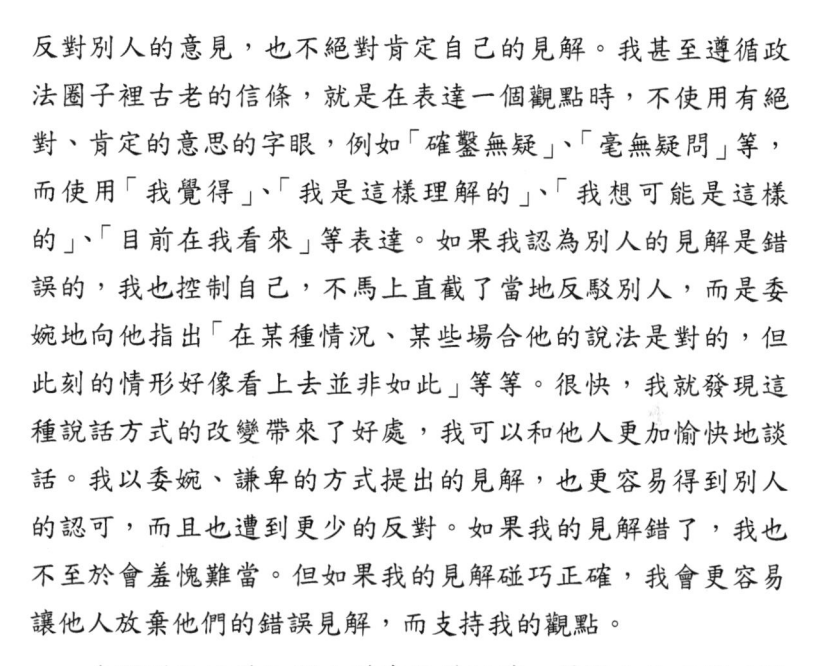

反對別人的意見，也不絕對肯定自己的見解。我甚至遵循政法圈子裡古老的信條，就是在表達一個觀點時，不使用有絕對、肯定的意思的字眼，例如「確鑿無疑」、「毫無疑問」等，而使用「我覺得」、「我是這樣理解的」、「我想可能是這樣的」、「目前在我看來」等表達。如果我認為別人的見解是錯誤的，我也控制自己，不馬上直截了當地反駁別人，而是委婉地向他指出「在某種情況、某些場合他的說法是對的，但此刻的情形好像看上去並非如此」等等。很快，我就發現這種說話方式的改變帶來了好處，我可以和他人更加愉快地談話。我以委婉、謙卑的方式提出的見解，也更容易得到別人的認可，而且也遭到更少的反對。如果我的見解錯了，我也不至於會羞愧難當。但如果我的見解碰巧正確，我會更容易讓他人放棄他們的錯誤見解，而支持我的觀點。

我剛開始這樣和別人謙卑的講話時，覺得自己不得不壓抑自己的天性。但後來久了，習慣也就成自然了。在這過去的五十年裡，還沒有人聽到我說過一句充滿教條味的話，或許就得益於這個習慣。早年間，我提議建立新體制，改革舊制度時，曾給民眾帶去很大的影響。我在後來擔任議員時，也為議會帶去了很大影響，這一切都得益於這個謙卑的習慣（當然也是因為我的真誠和正直）。其實，我沒有什麼演說技巧，也不能言善辯，遣詞造句時也猶豫不決，表達也不夠準確。但儘管如此，人們通常還是會認跟我的觀點。

其實，在人的自然情感中最難克制的大抵就是驕傲。儘管我們試圖掩蓋它、壓制它、打敗它，但是又無法消除它，

第十四章　對父母的教育

驕傲這種情緒隨時都會表現出來，在歷史中我們可以經常看到它。甚至即使我以為自己克服了驕傲的情緒，我還是會為自己現在的謙卑而自豪。

　　的確，富蘭克林這裡所說的觀點並不適用於生活中的所有情況。我們不能期望和要求別人和我們一樣。但富蘭克林的看法告訴我們，咄咄逼人地反對別人是多麼不合時宜、徒勞無功。生活中並沒有哪一條規律適合一切情景。一條規律超過一定的範圍，就會失去效力。當然，在某些場合中也是需要激烈的措辭的。但是，如果考慮到那些為了問題孩子而憂心忡忡的家長已經感到的羞辱，現在被教師通知的他們還得準備再次蒙受屈辱，我們就不應該再疾言厲色。因為缺少家長的配合，我們的教育工作不會有成效。所以，為了幫助問題兒童解決遇到的困難，我們必然要採取富蘭克林的方法。

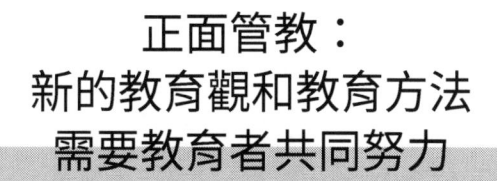

正面管教：
新的教育觀和教育方法
需要教育者共同努力

在這種情況下，完全沒有必要證明自己教育方法是正確的，或者顯示自己教育方法的優越感，關鍵是要用有效的方法來幫助孩子。當然，在掃清我們教育工作的障礙時，我們需要克服很多困難。很多家長不願意聽取任何建議，他們感到吃驚或者生氣，他們的態度很不耐煩，甚至會有敵意，因為教師把他們和他們的孩子置於一種令人不快的境地。這種家長通常都會對孩子的某些問題睜一隻眼閉一隻眼，對當下的客觀現實也視而不見。但是，現在他們被強迫睜開雙眼，這個過程自然會令人不快。如果教師突然地或者情緒激動地和家長談起他們孩子的問題，那教師很難得到家長的配合。很多家長甚至對教師大發雷霆，然後轉身離去。一旦出現這種情況，教師最好告訴這些家長，他們的教育工作需要孩子家長的配合和幫助。教師最好能幫助這些家長穩定情緒，讓他們能夠平心靜氣地坐下來進行溝通和交流。我們需要明白，很多家長過於墨守成規，他們很難一下衝破這種束縛。

第十四章　對父母的教育

　　例如：一位父親一直用嚴厲的言辭和難看的臉色摧毀孩子的自信。十年以後的現在，突然讓他轉變方式，和顏悅色地和孩子說話，這自然是很困難的事情。需要注意的是，如果父親突然改變了對孩子的態度，孩子一開始也會覺得這是假象，他會把這視為一個詭計，只有經過很長時間，他才會覺得這是真的並逐漸樹立自信。即便是高級知識分子也不例外。有一個中學校長曾不斷地批評和挑剔兒子，幾乎把孩子逼至崩潰的邊緣。這位校長跟我們交談了以後，意識到了問題的所在。他回家以後，又用刻薄的口氣對孩子進行了一番說理教育。然而，由於孩子的惰性太強，他又大發雷霆。兒子每次做了父親不滿的事情，父親就會大發脾氣，進行嚴厲的說教。一個身為教育者的校長尚且如此，對於那些從小在「棍棒底下出孝子」的管教方法下耳濡目染的家長們來說，要他們一下子改變態度，其難度之大可想而知。因此，教師跟家長談話時，應該學會運用委婉和巧妙的措辭和方法。

　　我們要知道，在很多家庭中，兒童都是在皮鞭教育下成長的。因此，往往會出現這種情形：孩子在學校接受教師的一番改正教育以後，一回到家裡，還要面對家長的皮鞭。想到教師的教育努力會因為家長的皮鞭而付諸東流，不免令人感到悲哀。這樣，孩子就要為自己犯的一個錯誤遭受兩次懲罰。而在我們看來，對孩子懲罰一次就已經足夠了。

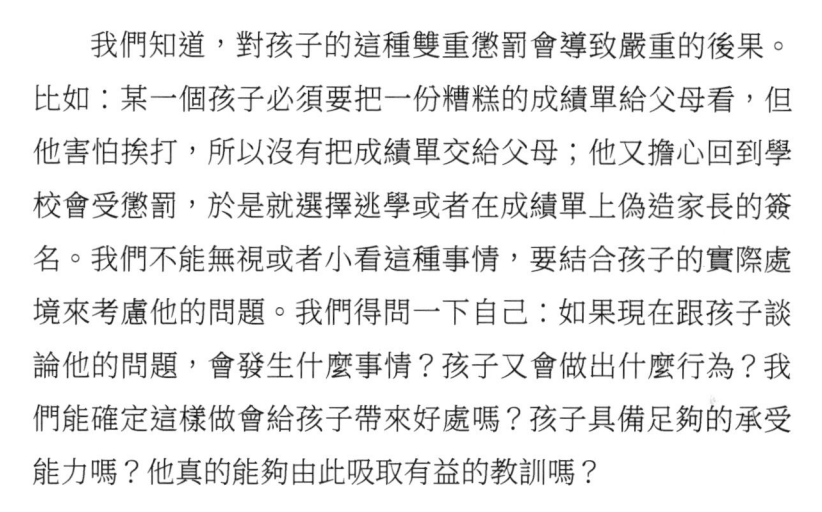

正面管教：新的教育觀和教育方法需要教育者共同努力

我們知道，對孩子的這種雙重懲罰會導致嚴重的後果。比如：某一個孩子必須要把一份糟糕的成績單給父母看，但他害怕挨打，所以沒有把成績單交給父母；他又擔心回到學校會受懲罰，於是就選擇逃學或者在成績單上偽造家長的簽名。我們不能無視或者小看這種事情，要結合孩子的實際處境來考慮他的問題。我們得問一下自己：如果現在跟孩子談論他的問題，會發生什麼事情？孩子又會做出什麼行為？我們能確定這樣做會給孩子帶來好處嗎？孩子具備足夠的承受能力嗎？他真的能夠由此吸取有益的教訓嗎？

我們知道，孩子和成人在面對困難時的反應有很大差異。我們對孩子實施教育的時候務必要三思後行，在試圖重整孩子的生活模式之前，應當冷靜、客觀地分析其可能產生的後果。在對孩子進行教育和再教育的時候，如果缺乏周詳的考慮和客觀的判斷，也就缺乏取得預期成效的把握。

實踐和毅力是教育工作必備的基本要素，而且還要堅信無論出現什麼情況，我們總有辦法挽救孩子。首先，我們要遵循「越早越好」這一古老而且公認的法則。教師不能把孩子的缺點割裂地看待，而應該將其視為孩子整體中的一部分，這樣才更能理解和幫助孩子。有些教師習慣抓住孩子的某種問題，然後機械地處理，比如：一旦孩子沒有完成功課，就立刻把這種情況告訴家長。這種處理方式顯然不是最合適的。

第十四章　對父母的教育

　　如今,在兒童教育的領域不斷出現新的教育觀念和方法。在科學的引領下,那些傳統和陳腐的教育習俗正在被淘汰。這些新的知識讓教師肩上的責任更重了,但也讓教師對兒童出現的問題有了更深刻的理解,同時也更有能力去幫助這樣的兒童。有一點要記住的是,兒童的單一行為表現,一旦脫離這個兒童的整體人格,就變得毫無意義。只有把兒童的某一行為結合他的整體人格進行研究,才能對他的單個行為表現有更深入的理解。

附錄 I 個體心理問卷

本問卷由國際個體心理學家協會擬定，供了解和矯正問題兒童使用。

1. 什麼時候開始出現這種問題的？第一次出現這種問題的時候，他當時的處境（心理或其他的）是怎樣的？

以下情境都非常重要：所處環境發生改變，開始上學，家中有新生兒降生，在學校中受挫，生病，父母離異，父母再婚，父母離世等。

2. 在問題出現之前，他是否存在一些特殊的心理或生理缺陷？比如：在吃飯、穿衣、洗澡或睡覺的時候會害怕、粗心、拘束、笨拙、嫉妒、羨慕或者依賴他人等。他是否害怕獨處或黑暗？是否清楚自己的性別角色？是否明白第一性特徵、第二性特徵或第三性特徵？他怎樣看待異性？他對自己的性別角色有多少了解？他是繼子女、私生子女、養子女、孤兒嗎？他是不是在恰當的階段學會說話或走路？他在學說話和走路的過程中是否

附錄 I　個體心理問卷

> 遇到困難？他在學習閱讀、繪畫、唱歌或游泳時，有沒有明顯的困難？他是否特別依戀自己的父親、母親、祖父母或者保母？

　　我們有必要注意孩子是否對所處環境充滿敵意，並尋找孩子自卑的根源；確定孩子是否具有以自我為中心、是否習慣於逃避困難等性格特徵。

> 3. 孩子經常製造許多麻煩嗎？他最害怕什麼？最害怕的人是誰？是否會在夜間哭喊？他尿床嗎？他有沒有支配弱小者或強壯者的傾向？他有沒有強烈希望和父母一起睡覺？他的舉止是否顯得笨拙？他患過佝僂病嗎？他的智力水準如何？他是否經常會遭人逗弄和嘲笑？他在髮型、服飾等方面是否愛慕虛榮？他有沒有咬指甲或挖鼻孔的習慣？他吃東西時是否表現得十分貪婪？

　　了解他是否勇於追求優越感，了解他的固執是否阻礙他行事的動力，這些對我們來說都極具啟發意義。

> 4. 孩子是否容易交到朋友？他對人和動物是否存有愛心、是否寬容，或是否騷擾和折磨他（牠）們？他喜不喜歡收藏或儲存物品？他有沒有吝嗇和貪婪？他有沒有領導和指揮他人的意願？他有沒有自我孤立的傾向？

這些問題可以讓我們了解孩子的人際交往能力及其自信程度。

5. 透過以下問題，我們可以了解孩子目前的狀況。他在學校的表現怎麼樣？他喜歡學校嗎？他上學會遲到嗎？他在上學前是否情緒亢奮？他是倉促地趕到學校嗎？他有沒有經常遺失書本、作業和書包？他在做作業時或考試前是否緊張？他是否會忘記或者拒絕做作業？他有沒有浪費時間？他懶惰嗎？他是否無法集中注意力？他有沒有擾亂課堂秩序？他怎樣看待自己的老師？他對老師的態度是批評、傲慢還是冷漠？在課業上他是主動請求別人的幫助，還是被動地等待？他在體操或別的運動方面是否有強烈愛好？他認為自己的天賦如何，比別人低還是根本就沒有天賦？他喜歡閱讀嗎？他喜歡讀哪類書籍？

這些問題可以幫助我們了解孩子為學校生活所做的準備，幫助我們了解他面對「學校新情境」的結果及其面對困難時的態度。

6. 深入了解孩子的家庭情況，家庭成員中是否有人酗酒？是否有人有犯罪傾向？是否有人身體衰弱？是否有人患有神經疾病、梅毒和癲癇病等？

附錄 I 個體心理問卷

> 家庭的生活水準如何？是否有家庭成員過世？過世時孩子多大？孩子是孤兒嗎？誰掌管家庭？家庭教育是否很嚴厲？家庭成員對孩子的態度如何，是滿腹抱怨、非常挑剔還是過於溺愛？家庭是否對孩子造成了不良影響，導致其內心十分恐懼？家庭成員對孩子的監管情況如何？

從孩子的家庭情況和孩子對家庭的態度，我們可以判斷家庭環境對孩子造成的影響。

> 7. 了解孩子的出生次序：他是家裡的長子、次子、么子，是獨生子還是獨生女？他們之間是否存在競爭？他是否經常哭鬧？他是否會惡意嘲笑別人？孩子有沒有貶低他人的強烈傾向？

透過這些問題，我們可以了解孩子的性格以及孩子對他人的態度。

> 8. 孩子有沒有關於未來職業的想法？他對待婚姻的態度如何？家庭其他成員從事的職業是什麼？父母的婚姻生活怎麼樣？

透過這些問題，我們可以判斷出孩子對未來是否充滿信心和勇氣。

9. 他最喜歡哪項遊戲？他最喜歡的故事、歷史人物和文學形象是什麼？他會不會在別人遊戲時搞破壞？他是否能冷靜地思考問題？他是否愛做白日夢？

透過這些問題，我們可以看出他在生活中是否有扮演英雄角色的傾向。如果沒有這種傾向，那就說明他缺乏勇氣。

10. 孩子最早的記憶是什麼？他是否對一些諸如飛行、高處墜落、渾身不能動彈和趕不上火車的夢有很深的印象，或是經常會做諸如此類的夢？他是否還做一些令他焦慮的夢？

透過這些問題，我們可以了解他是否有孤立封閉的傾向，他在生活中是謹小慎微還是雄心壯志，他是否對特定的人或生活等有所偏愛。

11. 孩子在哪些方面有缺乏信心的表現？他有沒有覺得自己被忽視了？他對別人的誇獎是否有積極的回應？他有沒有迷信的觀念？他經常逃避困難嗎？他是否嘗試過許多事情但最終都是半途而廢？他對未來有沒有計畫？他相信遺傳的不良影響嗎？他所處的環境是否會讓他灰心喪氣？他對生活的態度是否悲觀？

附錄 I　個體心理問卷

透過這些問題，我們可以判斷孩子是否缺乏自信，是否選擇了錯誤的發展方向。

> **12.** 孩子是否喜歡惡作劇？他是否有做鬼臉、裝傻充愣、任性、出洋相等壞習慣？

為了引起別人的注意，孩子可能會在這些方面會表現出些許的勇氣。

> **13.** 孩子是否有言語缺陷？長相是否醜陋？足部是否畸形？是否有膝蓋內彎或 O 型腿？身材是否矮小？是否特別胖或高？身材比例是否協調？眼睛或耳朵是否有生理異常？反應是否遲鈍？是不是左撇子？夜裡睡覺會不會打鼾？長相是否特別好看？

孩子們往往會把自己的不足和缺陷過度放大，並因此喪失自信和勇氣。即使是那些長相很好看的孩子在成長中也會經常出現問題，因為他們覺得自己不需要付出就能得到許多東西，這種孩子會失去很多能夠鍛鍊自己應對生活的機會。

> **14.** 他會不會經常說自己能力不足，抱怨自己在讀書、工作和生活方面「缺乏天賦」？他是否有過自殺的想法？他的失敗和闖禍行為之間有沒有時間

> 上的連繫？他有沒有過於在意表面上的成功？他是卑躬屈膝、執拗頑固，還是桀驁不馴？

如果孩子有上述問題，說明他非常氣餒。在孩子無法擺脫自身困境時，這些問題會更加明顯。他之所以會失敗，部分原因是他的努力沒有得到回報，另外是他對與他接觸的人欠缺了解。但無論如何，他總要滿足自己對優越感的追求，所以他就把注意力放到了那些相對容易的事情上。

15. 找出孩子獲得成功的事例。

我們從這些成功事例中能得到重要的啟示。因為孩子在成功中可能表現出真正的興趣和方向，這種興趣和方向可能與孩子目前的發展方向截然相反。

在實作中，不能以一種固定不變的或標準化的順序提出上述問題，而應該靈活地透過談話的方式自然而然地提問。透過上述這些問題，我們能夠正確認識和掌握兒童的個性。我們將會了解到，孩子的失敗不是理所應當的，也能更加理解他的失敗。這份問卷會顯示出孩子的許多問題，但我們在向孩子解釋時，應該採取寬容、友善的態度，不要使用威懾、指責或攻擊性的話語。

附錄 I　個體心理問卷

附錄 II　具體個案分析

案例一

　　男孩是家裡的獨生子，年僅 15 歲，擁有一個健康快樂的童年。父母辛苦工作的同時也不忘關注他的成長，一家人過著還算舒適的生活。母親心地善良，是個很感性的人。在說起自己孩子的事情時斷斷續續的，她花費很大力氣才講完。我們沒有見過孩子的父親，但據孩子母親的描述，他應該是一個誠實、自信、熱愛家庭和精力充沛的人。男孩年齡小的時候，一不聽話，他的父親就會說：「我要是現在不好好管教，以後他就要造反。」他所謂的「管教」不是口頭教育，而是男孩一做錯事就體罰他。因此，男孩年幼時就有想當家的想法，這是他的叛逆意識的表現。這種想要支配整個家庭的欲望在那些被寵壞的獨生子中很常見。男孩的反抗傾向很早就顯現出來，具體表現為拒絕服從的習慣——只要父親不動手打他，他就絕不服從。

　　在此，我們稍做分析就能發現，這個男孩必然形成的突出性格特徵就是撒謊，他用謊言來逃脫父親的重罰，男孩的

附錄Ⅱ　具體個案分析

母親對此深感頭痛。男孩已經 15 歲了，但他的父母仍然無法分辨他的謊言和真話。詳細詢問後，我們得知，男孩曾在教會學校讀書。他的老師也抱怨他不服管教，擾亂課堂秩序。例如：教師沒提問他，他就大聲嚷嚷答案；有時會故意提出問題，打斷老師講課；上課期間還大聲和同學講話。他的作業字跡潦草，難以辨認。他還是個左撇子。最後，他的不良行為讓人無法容忍，他越是害怕父親的責罰，就越用謊言掩蓋自己的行為。他的父母剛開始時決定讓他繼續待在學校，但後來他們不得不把他領回家，因為老師拿他實在是沒辦法了。

這個男孩很活潑，智力水準也良好。讀完公立小學後，他去參加中學入學考試。考試那天，母親在考場外等著他，他出來後告訴母親自己能通過這次考試。一家人都很高興，夏天還一起去鄉下度假。後來，學校終於開學了，男孩每天收拾好書包去上學，中午就回家吃午飯，還不斷談起中學的生活。

有一天，他去上學，母親陪他走了一段路。過馬路的時候，她聽見一個男人說：「這不是那天早上替我指路去車站的那個男孩嗎？」母親問他那個男人說的話是什麼意思，那天上午他是不是沒去上課。男孩說那天上午學校十點鐘就放學了，那個人向他問路，他就帶他去車站。母親半信半疑，隨

後就跟孩子的父親說起了這件事。父親決定第二天和兒子一塊到學校去。第二天，在去學校的路上，經過反覆追問，父親才得知兒子沒有通過入學考試，自然也沒有去中學上學，這幾天他一直在街上閒逛打發日子。

後來，父母替他請來了家庭教師，男孩最終也通過了入學考試，但他的行為沒有絲毫改進。他仍然擾亂課堂秩序，甚至開始偷東西。他偷了母親的錢，還編造了一大通謊言，直到家人威脅要把他交給警察處理，他才坦白承認。這個案例接下來就變成一個忽略孩子教育而造成的悲劇。這個曾經以為還能挽救男孩的自負的父親，現在也徹底放棄希望了。這個男孩在家裡的處境變了：他的父母現在對他不打不罵，不聞不問，任其自生自滅。

關於孩子從什麼時候開始有這些問題時，他的母親回答說：

「自打出生起就這樣。」

根據母親的回答，我們可以認為，母親的言外之意就是：我們已經對孩子嘗試過各種方法，但仍然沒有用，那麼這個孩子的不良行為就是與生俱來的。

嬰兒時期的男孩就相當煩躁不安，不分晝夜地哇哇大哭。但所有檢查過男孩的醫生都說他很正常，身體也很健康。

附錄Ⅱ 具體個案分析

情況並非如此簡單。嬰兒哭叫本身沒什麼問題,但這背後有很多原因。特別是這個案例中的男孩是個獨生子,他的母親也缺乏養育經驗。通常孩子尿床了就會哭鬧,但母親不一定意識到這一點,她做的事情是:把他抱起來,餵他東西吃。其實,她應該找到孩子哭鬧的真正原因,替他換一個尿布,讓他不再感到難受。這樣,孩子自然就會停止哭鬧,也不會像現在這樣子了。

他母親說,這個孩子很順利地就學會了說話和走路,牙齒發育也很正常。雖然孩子有玩過玩具之後就把它們摔壞的習慣,但這不一定意味著他的性格不好。母親說的一句話需要注意,她說:

「他根本不能自己一個人玩耍,哪怕一下下也不行。」

那麼,母親應該如何訓練孩子獨自玩耍?方法只有一個:給孩子單獨玩耍的時間,大人不要頻繁干預。我們認為,這個母親沒有做到這一點,她說的一些話證明了這一點。例如:她總是為了孩子的事忙個不停,孩子對她也寸步不離等。這是孩子渴望得到母親寵愛的最初表現,也是存在在他心裡最早的印記。

「孩子從來沒有獨處過。」

母親這麼說,很明顯,她是在為自己辯護。

「孩子從來沒有單獨一個人待過，直到現在，他也不喜歡獨自一個人靜靜地待著，哪怕是短短的一個小時。晚上就更不用說了。」

這是孩子過度依賴母親的證據。

「他過去從來不會害怕什麼，現在他也不知恐懼為何物。」

這似乎違反了心理學常識，也與我們的研究發現不符。但經過深入考察，我們就會發現：男孩從未獨處過，因此沒必要感到害怕。他一個人獨處時表現出來的恐懼，其實是迫使別人陪伴他的藉口。

下面是另一個看似自相矛盾的描述：

「他害怕父親的棍棒，這意味著他是有恐懼之心的。但即使被父親打得很厲害，他也會很快就把這事情忘得一乾二淨，跟沒事人一樣。」

在這裡，我們可以看到孩子父母的行為形成強烈的反差：母親處處遷就，父親則態度嚴厲，甚至想矯正母親的軟弱。父親的嚴厲管教致使孩子偏向母親，因為他可以輕而易舉地從母親那裡獲取所需。

男孩 6 歲在教會學校裡念書時，受到教師的監護。那時就有人抱怨，他活潑好動、躁動不安、注意力不集中。這些抱怨大都是關於他的行為舉止的，而不是學業功課。如果孩

子想獲得他人的關注，還有比調皮搗蛋更好的辦法嗎？他已經習慣了被人關注。在家裡，謊言能吸引母親的注意力，到了學校中，他也想成為眾所矚目的焦點。教師並不明白男孩這麼做的真實目的，就單獨點名批評、責備他，並試圖改正他的行為。其實，這正投其所好。男孩得到了關注，為此也付出巨大的代價，但他早已習以為常。在家裡，父親的嚴厲責打是家常便飯，可是一直改變不了什麼。那麼，我們怎麼能期望教師溫和的手段能讓男孩改變舊習呢？這是不可能的事。當他重新回到學校自然希望成為焦點，並將其作為一種補償。

父母告訴他，為了整個班級著想，每個人上課的時候都要保持安靜。聽到這樣的陳詞濫調，我們禁不住懷疑這對父母是否具備健全的常識。其實，男孩和父母一樣，大道理都懂，但是他更專注於自己的事情。他想在學校裡受到大家的關注，保持安靜是沒有用的，刻苦學習又太難。當我們了解到男孩為自己設定的目標，他一系列行為的原因自然就解開了。父親的體罰確實能讓他暫時安靜一會兒，但是母親說，一旦他父親離開，男孩就依然如故。鞭打和懲罰只能暫時中斷他的行為，效果不會持久。

「他總是控制不了自己的脾氣。」

很明顯，渴望得到他人關注的孩子，只能透過發脾氣來達到自己的目的。所謂的脾氣不過就是一個人達到目的的手

段,目標決定它的形式。例如:如果一個人想靜靜地躺在沙發上,他就沒有所謂的脾氣。發脾氣說明這個人在暗示什麼,這個案例中的男孩就是想引人注意。

他習慣把家裡的各式各樣的東西帶到學校去換錢,然後請客,招待他的夥伴。父母發現這個問題以後,每天在他離家前都會先搜查他。他最後放棄了這種行為,轉而一心一意地跟同學搞惡作劇,捉弄別人。父親嚴厲的懲罰才讓他停止這一行為。

我們可以明白,他搞惡作劇的原因是渴望得到別人的關注。他這樣做雖然會招致老師的懲罰,可是學校的制度對他無可奈何。這樣,他就從另一個方面證明了自己。

「他的這種搗亂行為逐漸減少,但偶爾會故態復萌,一如既往,最後被學校開除了。」

這也證實了我們之前的觀點。這個男孩努力獲得他人的認可,在此過程中自然會遇到許多困難,他也意識到了這一點。除此之外,考慮到他是個左撇子,我們就更能理解他的想法了。我們可以推斷,雖然他想躲避困難,但他發現困難無處不在,而自己又缺乏信心去克服這些困難。他越是缺乏信心,就越想要證明自己,以此來吸引別人的注意。直到學校忍無可忍將他開除,他才停止惡作劇行為。如果學校的目的是不允許搗亂者打擾其他學生的受教權,那麼校方別無選

附錄 II 具體個案分析

擇,只能把男孩開除。但是,如果教育的目的是改正孩子的缺點,那麼開除這種做法就不可取了。男孩通常在家裡很容易獲得母親的關注,那他就不需要在學校刻苦學習了。

值得注意的是,孩子的家人聽取了一個老師的建議,在假期把孩子送到了一個兒童矯正中心。在那裡男孩受到了更加嚴格的管理,但是這種做法並沒有取得什麼效果。男孩的父母依舊是他的主要監護人。男孩每星期回家一次,他感到很高興。但如果學校不允許他回家,他也不會表現出悶悶不樂的樣子。這不難理解,他想扮演英雄的角色,希望別人也這麼看待自己。他受到鞭打從不在意,無論事情變得多糟糕,他都不願意做出影響男子氣概的事情,不允許自己掉眼淚。

「他的成績從來不會很差,因為一直有家庭教師輔導他。」

從這一點我們可以得出結論,這個男孩缺乏獨立性。根據教師的反映,如果他能夠靜下來認真讀書,會取得更好的成績。我們也相信這個男孩能夠學好他的功課,因為除了智力方面有問題的孩子,每個學生都能很好地完成學習任務。

「他沒有繪畫的天賦。」

這一點很重要,因為根據上述情況我們可以看出這個孩子右手笨拙的缺點並沒有完全克服。

「他在體操方面表現很出色，很快就學會了游泳，也不怕危險。」

這表明孩子還沒有完全喪失勇氣。但他只把勇氣表現在一些不太重要的事情上，因為他覺得做這些事情更容易些，也有相當大的把握獲得成功。

「他從不知道害羞，能輕鬆地和任何人談論自己的想法，無論對方是學校的保全還是校長。儘管他已經被多次警告不能這樣魯莽、放肆地說話。」

我們已經知道，對於人們禁止他做什麼事情的要求，他從不在乎。因此，我們不能把他的不知羞恥視為他具有勇氣的證據。很多孩子其實都意識到他們和老師、學校之間存在一定的距離。但這個男孩連父親的鞭打都不害怕，自然就更加不害怕校長了。他說話傲慢無禮，他認為只用透過這種方式，才能顯出自己的重要性。

「他對自己的性別沒有明確的認知，但他經常說自己不想成為一個女孩。」

沒有明確的跡象表明，他對自己性別的態度究竟如何。但我們發現，和那些性格不太好的孩子一樣，他們都有輕視女孩的傾向，並透過這種輕視來獲取一種男性的優越感。

「他沒有真正的朋友。」

這是可以理解的，因為其他孩子並不想總接受他的領導。

「他的父母至今為止還沒有和他解釋性方面的問題。他的行為總表現出強烈的控制欲。」

我們付出了很多努力來收集關於他的事情，而他本人對這些事情再清楚不過了。也就是說，他很清楚自己想要什麼。但毫無疑問的是，他並不清楚自己這種無意識的目的和行為之間的連繫，也不知道他那強烈的控制欲的來源。他想控制別人是因為他看到父親對家庭的控制。但他越想控制別人，他就變得越軟弱，因為他必須因此依賴別人。他想要模仿自己的父親，而他的父親在控制別人時採用的是一種自我克制的方式。可以這樣說，是這個孩子的軟弱讓他變得雄心勃勃。

「他總是惹是生非，甚至面對那些比他強的人，也不例外。」

不過，越是強大的人往往越好應對，因為這些人都有一種強烈的責任感。男孩只在魯莽放肆的時候才感覺到自信。順便提一下，男孩魯莽、放肆的行為很難被根除，因為他對自己的學習能力缺乏信心，所以只好利用這種行為來掩飾這一點。

「他不自私，相反他很慷慨。」

如果把這一點當作是他心地善良的表現，我們就會發現這和他的性格的其他方面並不相符。我們知道，有的人會利用慷慨大方的行為來展現自身的優越感。了解這種性格特徵是如何與對權力的欲望連繫起來的，這點很重要。這種慷慨的行為提升了個人價值。他可能是從父親那裡學會透過慷慨的行為來炫耀自我。

「他仍然給人們製造很多麻煩。他最害怕父親，其次是母親。他沒有賴床的習慣，也不是特別愛慕虛榮。」

這最後一點只涉及他外在的虛榮，但事實上他內在的虛榮心非常強烈。

「他改掉了摳鼻子的壞習慣。他是個固執的孩子，對食物很挑剔，不喜歡蔬菜和油脂食品。他有時候也喜歡交友，但他只喜歡和聽從自己命令的孩子來往，並且也很喜歡動物和花草。」

喜歡動物的背後是對優越感的追求和對統治權的渴望。這種愛好當然不是壞事，因為這能促進人類和世界萬物達到和諧統一。但就這一類孩子而言，這種喜好表現了他們的一種統治的欲望，即他總是想方設法地讓母親為自己操心。

「他表現出一種強烈的領導欲望，當然這不是一種在智力上的領導欲。他愛好蒐集物品，但缺乏足夠的耐心，所以蒐集總是無疾而終。」

附錄Ⅱ　具體個案分析

這種孩子最大的悲劇就是無論做什麼事情，他們都有始無終。因為有結果就意味著承擔責任，而他們害怕承擔責任。

「10歲以後，他的行為整體上有所改善。因為他過去總想在街上逞強好勝，來表現自己的優越感，從不願意乖乖留在家裡。經過不斷的努力，他才有所改進。」

事實上，孩子被局限在家裡這個狹小空間的做法，能最大限度地滿足他自我肯定的欲望。毫無疑問，在家裡這一狹小空間他會製造更多麻煩。如果可以適當監管，我們應該讓他到街上去玩耍。

「他一回到家裡就開始做作業，也不想要出門玩耍，但他總會找到自己的方式來消磨時間。」

當我們把孩子的活動限制於某一狹小空間，監督他的行為的時候，我們就會發現孩子總會注意力不集中，想把精力用在別處。我們應該給孩子多一點活動機會，讓他和別的孩子一起玩耍，在集體中發揮自己的作用。

「他以前很喜歡去上學。」

這意味著他曾經的老師對他並不嚴厲。那時候，他可以輕易地扮演英雄的角色。

「他以前經常弄丟課本，但他不害怕考試，總認為自己能完美地做好每一件事情。」

這種性格特徵非常普遍。如果一個人在任何情況下都能保持樂觀的態度，恰恰說明了他的不自信。這種人當然是悲觀主義者，但他們總會想方設法違背邏輯，沉浸在自己一定能獲得成功的幻想裡；即使失敗了，他們也不會表露出過多的驚訝。他們無法擺脫宿命論的控制，因而總表現得很樂觀。

「他無法集中注意力。有的老師喜歡他，而有的老師討厭他。」

無論如何，好像是一些性情溫和的老師喜歡他的舉止，他也很少給他們帶來麻煩，因為這些老師對他沒有過多的要求，如同大多數被寵壞的孩子一樣，他既不願意集中注意力，也沒有養成這樣的習慣。在 6 歲以前，他覺得這樣做毫無必要，因為他的母親會幫他完成所有的事情，他就像一隻關在籠中的寵物，生活中的一切都有人事先為他安排妥當。一旦遇見困難，他毫無防備。他沒有掌握應對困難的辦法。他對其他人缺乏興趣，所以難以與他人合作。他沒有獨立完成某項任務所必需的欲望和信心。他唯一的欲望就是突出自己，輕而易舉地吸引人們的注意。但當他沒能干擾到學校的秩序時，自然也得不到別人的關注，他就會變本加厲地實施不良行為。

「他對任何事情都漫不經心，會用最輕鬆的方式做每件事，從不會考慮他人。這已經成了他生活的主旋律，他的一切具體行為，例如偷竊、說謊等，都是這種主旋律的具體表現。」

附錄Ⅱ　具體個案分析

　　他的生活風格中隱藏著許多很明顯的錯誤。在母親的刺激下，他的社會感情的確得到了發展，但溫柔的母親和嚴厲的父親都沒有為他社會感情的進一步發展指明正確的方向。這個孩子的社會感情始終局限於母親的世界裡，在這個範圍內，他感到自己是人們關注的焦點。

　　因此，他對優越感的追求並不是朝著對社會有益的方向，而是為了滿足自己的虛榮心。為了讓他向著對社會有益的方向發展，我們必須重新塑造他的性格。只有讓他恢復信心，他才樂意接受我們的意見。與此同時，我們還要拓展他的社會關係範圍，透過這種方式來彌補他母親對他教育的不足。孩子還必須和他的父親達成和解。我們要一步步地推進孩子的教育，直到他最終能夠像我們一樣意識到過去生活方式中存在的錯誤。如果他的興趣不再集中在一個人身上，他的獨立性和勇氣就會隨之增強，他也會把自己對優越感的追求轉向對社會有益的方面。

案例二

　　這是一個關於 10 歲男孩的案例。

　　「學校反映這個孩子的學習成績很糟糕，已經落後同齡孩子三個學期。」

孩子才 10 歲就已經落後了三個學期，我們甚至要懷疑這個學生的智力是否有問題。

「他現在就讀三年級，IQ 指數為 101。」

這就說明他的智力水準沒有問題。那麼，造成他課業落後的原因是什麼呢？他為什麼上課擾亂秩序？我們可以看出，他對優越感有一定的追求，也有一定的活動能力，但這些都指向了對社會無用的方面。他希望自己富有創造力，對事情積極主動，也想得到別人的關注，但他採取的方式都是錯誤的。我們也可以看出他在和學校對抗。他非常好鬥，把學校當作敵人。因此，我們也就不難理解他成績糟糕的原因了，因為這種好鬥的孩子是難以忍受學校的規範生活的。

「他不願意服從命令。」

這是顯而易見的，他的做法也有明智的地方。也就是說，他有自己的一套方法解決問題。如果他是一個好鬥的人，那麼他肯定不會服從別人的命令。

「他和其他孩子打架，他把玩具帶到學校去。」

這意味著他希望擁有一個屬於自己的世界。

「他不擅長心算。」

這意味著他缺乏社會感情和與此相對應的社會邏輯（參閱第七章）。

附錄Ⅱ 具體個案分析

「他在言語上有缺陷，每週參加一次訓練班。」

這種語言缺陷與說話器官無關，而是一種缺乏合作精神的表現，這一點可以從他的語言障礙中看出來。一個人的語言水準展現了與別人合作的態度。在這個男孩那裡，這種語言缺陷卻成了他尋求注意和抗爭的一種武器。他並不希望自己的語言缺陷得到治療，對此我們不必大驚小怪，因為治療語言缺陷就等於讓他放棄這個引人注目的武器。

「當老師讓他講話時，他的身體會左右搖擺。」

他似乎做好了隨時抗爭的準備。他很反感教師說話，因為這樣他就不能成為人們關注的焦點。如果教師說話，他不得不聽的話，老師就成了征服者的角色。

「他的母親（確切地說是繼母，在他嬰兒時期，他的生母就去世了）抱怨說，這個孩子有點神經質。」

在這個意味深長的評價下，這個孩子的許多不良行為被掩蓋了。

「兩個祖母把他帶大。」

一個祖母帶孩子就已經很糟糕了，更何況兩個——我們知道，祖母通常過分寵溺孩子。她們之所以這麼做值得我們深思。上了年紀的女人在社會中沒有自己的位置。她們反抗社會，希望能被合理對待，在這一點上她們是正確的。她們

想證明自己存在的價值，因此透過溺愛孩子並得到孩子依賴的方式來證明自己的重要性。她們透過這種做法來得到被認可的權利。

我們不難想像，在這兩個祖母之間，會產生一種怎樣激烈的競爭，每個人都想讓孩子更喜歡自己。當然，孩子會成為這種競爭最大的受益者，他會發現自己彷彿置身於天堂之中，可以隨心所欲，為所欲為。孩子什麼都不用做，只要說「這是那個祖母給我的」，那麼，另一個祖母為了打敗競爭對手，就會給孩子更多的東西。在家裡，孩子是焦點，他的目標就是得到注意。而如今他來到了學校這種新的環境，兩個祖母都不見了，只有幾個教師和許多孩子。他只能透過好鬥和反抗來獲得教師的關注。

「他和祖母在一起生活的時候，成績不好。」

他不適應學校，也缺乏準備。學校是對合作能力的測試，但過去他沒有進行過這方面的訓練。對孩子來說，最能培養這種合作精神的人是母親。

「一年半前，他父親再婚了，於是這孩子就跟他父親和繼母生活在一起。」

這種情境是存在問題的。如果有繼母或繼父進入了孩子的生活，就會產生問題了，孩子會出現問題，並不斷增加問題。對孩子的成長和教育來說，繼父母問題由來已久，至今

附錄 II　具體個案分析

也未能得到妥善解決。這一問題會給孩子造成很大的困擾，就算繼父母對他們非常好，他們也會同樣遇到問題。這並不意味著繼母的問題沒有解決的辦法，而是說解決這個問題需要用某種特殊的方式。繼父母不要把孩子的感激看作自己應得的，而應該盡最大的努力去贏得這種感激。由於兩位祖母參與其中，這個問題變得更加複雜了，繼母和孩子的問題也更加嚴重了。

「繼母最初來到這個家庭的時候，也曾試圖好好愛護這個孩子，繼母傾其所有討這個孩子的歡心。這個孩子的哥哥同樣也是一個不斷製造麻煩的人。」

家裡還有另一個好鬥的哥哥。這兩個孩子之間的競爭只會讓他們的爭鬥欲望變得更加強烈。

「這孩子對父親害怕、順從，但對母親卻不會。母親因此經常會求助於父親。」

這其實就是承認，母親無法很好地履行教育孩子的任務。所以，責任便轉移到了父親的身上。當母親把孩子一舉一動都告訴孩子父親的時候，當她以「我會告訴你爸爸」的說法威脅孩子的時候，孩子就會知道，她管不住他們，她已經放棄了。這樣一來，孩子便尋找機會對她頤指氣使。母親的這些舉動，也表現了她的一種自卑情結。

「孩子如果聽話的話，母親就帶他去商店，買東西給他。」

這位母親的處境也很艱難，因為孩子認為祖母更重要，她一直生活在祖母的陰影下。

「祖母只是時不時地來看他。」

一個偶爾來幾個小時的人會擾亂父母對孩子的教育，這會給孩子的母親留下許多麻煩和困擾。

「家裡所有人似乎都不喜歡這個孩子。」

家裡沒有人再喜歡這個孩子了，甚至曾經對他寵愛有加的祖母，現在也不喜歡他了。

「爸爸會用鞭子打這個孩子。」

鞭打其實並沒有效。孩子喜歡受到讚揚，如果有人讚揚了他，他會感到高興和滿足。然而，他並不知道怎樣才能正確地獲得讚揚。他更希望不用付出努力就得到老師的讚揚。

「一旦被讚揚，他就會努力讀書。」

所有想成為焦點的孩子都是如此。

「老師不喜歡他，因為他總是鬱鬱寡歡。」

他只能這樣，來掩飾自己的好鬥和抗拒。

「這個孩子還會尿床。」

這表明他想得到別人的注意。然而，他是透過間接的方

附錄Ⅱ　具體個案分析

式來爭取這種關注的。他會採用什麼方法呢？透過尿溼被子，讓母親深夜換被褥；透過半夜哭鬧；透過在床上玩不睡覺；透過早上不起床；透過不好好吃飯——無論白天還是晚上，他總能找到讓母親為他操心的方法。尿床和言語缺陷就是他慣用的武器。

「母親夜間要叫醒他好幾次，去幫助他戒尿床。」

母親得數次起來叫醒他，關注他，讓他感覺自己受到了關注。

「他並不受大部分孩子的歡迎，因為他總有一種支配他人的欲望。一些弱小的孩子卻試圖模仿他。」

這是一個脆弱又缺乏自信的孩子，不想勇敢地生活。他之所以會被那些弱小的孩子模仿，是因為這些孩子也希望透過這種方法來獲得關注。

「另一方面，不是所有的人都不喜歡他，當他功課做得很好時，有些孩子也願意相信他取得了進步。」

當他取得進步時，其他孩子也會為他感到高興。這說明教師教育方法很好，懂得怎樣培養孩子之間的合作精神。

「這個孩子喜歡在街頭和其他孩子一起踢球。」

當他認為自己一定能有出色表現時，他會樂意與人相處。

我們和他的母親一起討論了這個孩子的問題並告訴她，在與孩子和他祖母的關係中，她的處境很被動。孩子嫉妒他哥哥，總害怕不如哥哥。在我們的交流過程中，這孩子一直都不說話，雖然我們告訴他診所裡每一個人都願意成為他的朋友。在這孩子看來，說話就代表願意合作。他要反抗，而不是合作。這是由於他缺乏社會情感，也是他拒絕矯治語言缺陷的原因。

　　這種抵抗方式或許令人驚訝，但不要大驚小怪，其實某些成人身上，我們也經常能夠看到這種情形：用無言來表示對抗。曾有一對發生激烈爭吵的夫妻，丈夫朝他妻子大嚷大叫：「看看妳，看看妳，現在怎麼沒話說了。」妻子回答道：「我不是不說，只是不想說。」

　　這個案例中的男孩情況也是一樣——「只是不想說話」。談話結束後，我們告訴孩子可以離開，他卻似乎不想走。他的鬥爭情緒已經被激發出來。當我們再次對他說討論已經結束時，他仍不想離去。我們只能讓他下個星期和父親一起過來。

　　同時，我們對他說：「你一句話都不說，這種做法非常好，因為你總是和別人說的反著來。如果別人叫你說話，你就不說。如果叫你在課堂上保持安靜，你就偏要大聲喧譁，擾亂課堂秩序。你覺得只有這樣做才會很了不起。如果我們

附錄 II　具體個案分析

不讓你說話,那麼你就會說個不停。我們只要向你提出相反的要求,你就會乖乖地就範。」

這次我們成功了,孩子被激起了說話的欲望,因為他感到有必要回答這些問題。於是,他開始配合我們的工作。之後,我們慢慢對他說明自己的情況,並使他意識到自己身上存在的錯誤。他自此開始慢慢地改進。

這時,我們要記住,如果孩子還是在這種舊的環境中,他就不會有改變的動力。他的父親、母親、祖母、教師及同學對他的看法已經固化。他對他們的看法也已經固化了。而當他來到診所後,他就進入一個嶄新的環境。事實上,我們也盡可能為他營造一個全新的環境,這樣他在熟悉的環境中形成的性格特徵就會更好地展現出來。在這種情況下,最明智的做法就是對這個男孩說「你不要說話」,這個男孩就會說「我就要說」。透過這樣,兒童不會覺得有人和他直接說話,就會放鬆心裡的警惕和抑制。

孩子在診所一般會面對很多人,這種情景會讓他們留下很深刻的印象。這個環境對他們來說是全新的,他們會產生這樣的印象:自己不僅不再受到以前狹小空間的限制,其他人還對他們充滿了興趣,他們會感覺到自己成了這個大環境中的一部分。他們甚至還希望表現自己,尤其是讓他們下次再來的時候。他們明白下次要發生的事情——人們會再問

他們一些問題,問他們的情況怎麼樣等等。一些孩子一個星期來一次,還有一些天天都會來,這要視具體情況分析。在這裡,他們會被教授怎樣和教師相處。他們清楚,這裡不會有人批評和責備他們,所做的每樣事情都會被拿出來進行公開的討論和評價。如果一對夫婦正在吵架,其中一人打開窗戶,他們就會停止。因為窗戶敞開後,別人就有可能聽到他們的爭吵,而他們都不想讓別人聽到爭吵的內容,也不想在別人面前暴露自己的性格問題。同理,當孩子來到診所時,我們就幫他邁出了第一步。

案例三

本案例是一個 13 歲半的孩子,他是家中的長子。

「孩子 11 歲的時候,IQ 指數為 140。」

這表明,這個孩子很聰明。

「自從進入高中第二學期以來,他的學業就停滯不前。」

根據我們的經驗,如果一個孩子覺得自己很聰明,他很可能就會產生一種不用努力就能達成願望的心理,這樣的孩子通常都不會取得進步。例如:我們透過觀察發現,這些孩子處於青春期時都會認為自己要比實際年齡更成熟。他們想證明自己已經不是孩子了。這種欲望越是強烈,他們所遇

附錄II　具體個案分析

到的生活困難就越多。這樣一來，他們便開始對自己產生懷疑，認為自己並不像自己想像中那樣聰明。所以，父母不要對孩子說他擁有很高的智商。我們主張，不能讓孩子知道他們自己智商是高是低，家長也最好別知道。因為一個聰明的孩子後來屢遭失敗的原因就在於此。一個充滿野心卻不知道如何用正確的方法來獲得成功的孩子，很可能會走上一條錯誤的道路。這些錯誤的道路包括患神經病、自殺、犯罪、懶惰或無所事事。孩子會尋找各式各樣的理由，來為自己的錯誤進行辯解。

我們知道孩子喜歡跟比自己年幼的孩子待在一起，因為這樣做掌控一切就會變得更輕鬆、自在，顯得自己高人一等，甚至可以成為年幼孩子的領袖。如果孩子總喜歡跟比自己年幼的孩子共處，那麼他可能就是這麼想的。當然，情況並不絕對，孩子有時候是為了對其他孩子展現自己的父性。因為孩子要表達他的父性就會排斥與比他年長的孩子交往。

「他喜歡踢足球和打壘球。」

我們可以推斷，他肯定十分擅長這兩項運動。人們可能會說，他在某些方面表現出色，但他對其他事情卻絲毫沒有興趣。這意味著一旦他能有把握取得成功，他就會積極主動地表現；但如果他沒有成功的把握，他就會拒絕參與。這種態度和做法當然不對。

「打牌。」

這意味著他在浪費時間。

「因為打牌擾亂了他的日常作息,他不能按時睡覺、準時完成作業。」

現在我們開始接近問題的真正核心了,一切都指向一點:他在學業上無法取得進步,只能胡亂打發時間。

「他在嬰兒時期發育緩慢,兩歲後才開始迅速發育。」

我們不清楚他在兩歲前發育緩慢的原因,或許是因為家人的過分溺愛導致的。受到溺愛的兒童不想說話、不用走路,或者發展、運用其身體機能,因為他們的一切都有別人照料,這樣就少了他成長發育需要的刺激。但他後來發育迅速,可能是他獲得了他的成長所需要的刺激,這種強烈的刺激促使他成為一個聰明的兒童。

「誠實和頑固是他最顯著的兩個性格特徵。」

但光有誠實的特徵還不夠。誠實的確是一種美德,也是他的優點,但我們不知道他是否會因為他的誠實來挑剔、批評他人,那麼誠實對他來說就成了自我炫耀的工具。我們知道他喜歡對別人指手畫腳,指揮他人,他的誠實特點可以讓其獲得一種優越感。我們不能確定,在對他不利的環境中,他能否照樣保持誠實這一品德。而提到孩子的頑固,我們可

附錄 II 具體個案分析

以發現他喜歡由著自己的性子，喜歡顯示自己的與眾不同，不願意人云亦云。

「他欺負弟弟。」

這一描述證實了我們的判斷。他想控制別人，因為弟弟不肯聽他的話，所以他就欺負弟弟。這種行為並不是誠實的表現。只要真正了解他，就可以知道他是喜歡說謊的。他喜歡自吹自擂，以此表現出一種優越感。其實，這是一種優越感情結。這種優越感情結清楚地顯示出他內心深處的自卑。因為別人對他期望過高，當遇到不能解決的難題時，他就會低估自己。當他過度貶低自己時，他就會透過吹牛來補償心理缺憾。

因此，過度讚揚兒童並不可取，因為這樣會使他認為別人對自己寄予厚望。當他不能輕易滿足別人的期望時，就會感到害怕和擔心，於是他就會尋求掩飾其弱點的方法，例如：欺負弟弟。這就是他的生活風格。當他遇到難題時，他感到自己不夠堅強和自信，無法獨立妥善地解決問題，便沉溺於打牌。因為打牌時沒有人會注意他的不足之處，他就不會感到自卑。即使他成績不好，他的父母也會說，他功課不好是因為他太喜歡打牌。這樣一來，他就保住了自己的驕傲和虛榮心。慢慢地，他就真的這樣想：「是的，因為我喜歡打牌，所以我成績不好；如果我不打牌了，我的成績就會變好。但，我還是喜歡打牌。」這樣，他就感到滿足了，他在心裡告訴

自己他有取得好成績的能力。

男孩在不明白自己的心理邏輯的情況下，會盡可能安慰自己，隱藏自卑情結——讓別人看不見，自己也看不見。只要他一直這樣，他就不會有任何改變。所以，我們要以一種友好的方式來幫助他理解自己的性格和心理活動的根源，讓他知道是因為他感到無力完成任務，才會把精力都花在掩藏自己的弱點和自卑上面。

我們必須以一種友好的方式來糾正他，還要輔之以不斷的鼓勵。這並不是說要一直誇他智商高——或許正是這種反覆的提示讓他害怕和恐懼。我們知道，在一個人的一生中，智商並沒有那麼重要。優秀的實驗心理學家都知道一個人的智商僅顯示當時測試的情況。生命十分複雜，並不是類似的測試所能反映得了的。高智商的孩子也並不一定能解決自己實際生活中所遇到的問題。

這個孩子真正的問題是自卑和缺乏社會意識。我們必須把這一點向他解釋清楚。

案例四

這個案例中的男孩僅8歲半。透過這一案例，我們就能清楚地知道孩子是如何被寵壞的。許多罪犯和神經病患者小

附錄Ⅱ 具體個案分析

時候都是這一類型的兒童。

如今，我們急需解決的問題是停止溺愛孩子。這並不是說我們不愛他們，只是說不能再縱容、溺愛他們。我們要以平等的心態把他們當作朋友。這一案例的價值在於它讓我們了解到了被慣壞的兒童的性格特徵。

「這個孩子目前的問題是，他每一年級都要重讀一次，但他現在才二年級。」

一個孩子剛開始上學就要重讀，這讓人不禁懷疑他的智力水準。我們在分析他的問題時，不能忽視這一可能性。如果孩子一開始的成績很好，後來才出現了問題，那麼我們就可以排除智力問題的可能性。

「他總是以嬰兒的咿啞方式說話。」

他希望獲得寵愛，所以他就會模仿嬰兒的說話方式，因為他覺得模仿嬰兒能讓他實現目標。他的這一有意識的判斷排除了他智商有問題的可能性。他很討厭學校生活，因為他對此缺乏準備。他並不是遵照學校的規章制度來發展的，為表達自己的追求，他選擇了對抗和敵視學校環境。這樣做的結果就是他在每個年級都要重讀。

「他不聽他哥哥的話，有時候還會和哥哥發生激烈衝突。」

因此我們可以知道，哥哥對他而言是一個很大的障礙。所以，他哥哥應該是個表現良好的孩子，他和哥哥的唯一競爭手段就是表現得很壞。在他的夢中，他就會想像他回到了嬰兒時代，他超過了哥哥。

「兒童在22個月的時候才學會了走路。」

他可能曾患有佝僂病，如果他在22個月的時候才學會了走路，可能是因為他家裡人總是對他照顧過度。在這22個月的時間裡，他的母親總是寸步不離地照顧他。他越是不會走路，母親就越是溺愛和驕縱他。

「他很早就會說話了。」

那麼，我們就可以斷定他智力沒有問題。因為孩子智力有問題的主要表現是說話困難。

「他總是像嬰兒一樣說話。父親很和藹。」

這說明他父親也寵愛他。

「他更喜歡他的母親。他們家裡有兩個小孩。據其母親反映，哥哥非常聰明。兩個孩子經常發生衝突。」

同一個家庭裡孩子之間經常存在競爭，這種競爭尤其發生在老大和老二之間。任何生活在一起的兩個孩子之間都免不了一番爭鬥。因為，老二出生的時候，老大會覺得自己在家裡的地位受到了威脅，就像我們之前討論的那樣（詳見第

附錄 II 具體個案分析

八章)。只有培養和訓練孩子的合作精神和能力,才能避免出現這種惡性競爭。

「他算數不好。」

對於受到溺愛的兒童來說,最困難的科目通常就是算術,因為算術涉及某種社會邏輯,而他們恰恰欠缺這種社會邏輯。

「他腦子肯定有問題。」

但我們卻沒發現這個問題,他的所作所為都合情合理。

「他的母親和老師都認為他有手淫行為。」

他有可能會這樣,而很多孩子都有手淫行為。

「他母親說,孩子有黑眼圈。」

我們不能據此就說他有手淫行為,雖然人們普遍都這麼覺得。

「他對吃的東西特別挑剔。」

這表明即使在吃飯的時候,兒童也很想引起母親的注意。

「他很怕黑。」

怕黑也是他受到溺愛的一種表現。

「他母親說他有很多朋友。」

但在我們看來,他的這些朋友都是聽他指揮,受他擺布的人。

「他對音樂十分感興趣。」

透過檢查音樂愛好者的耳朵外形,我們發現 —— 有音樂才能的人耳朵外形曲線更好。透過觀察這個孩子的耳朵,我們發現他的耳朵很精緻,聽力也十分敏感。這種敏感性表現為對和諧聲音的喜愛,這樣的人更適合接受音樂方面的訓練。

「他喜歡唱歌,但患有耳疾。」

這些人很難忍受生活中的噪音,所以比正常人更容易患上耳疾。聽覺器官的構造會受到家族遺傳的影響,這也是音樂天賦和耳疾會同時遺傳給下一代的原因。這個男孩確實遭受耳疾的困擾,而他的家族中也確實有人精通音樂。

想要矯治這個男孩,就需要鍛鍊他的獨立能力。目前,他還不能獨立,他認為母親應該為他操勞一切,並且對他寸步不離。他總是渴望得到母親的保護,而母親也樂意這麼做。從現在起,我們需要給他自由,讓他做自己喜歡做的事情,甚至犯點錯誤。因為只有這樣,他才能學會獨立。他還需要學會不和哥哥爭奪母親的寵愛。當兄弟倆都感到自己得

附錄II　具體個案分析

到了母親的偏愛，他們就不會再嫉妒彼此。

還有一項需要解決的工作，就是讓這個男孩勇敢地面對學校生活中的問題。試想，如果他不繼續上學，情況會怎麼樣？一旦離開學校，他就會脫離正軌，朝不利的方向發展。他可能先會偶爾逃學，甚至乾脆輟學，然後離家出走，加入幫派。

能夠防患於未然當然是最好的選擇。因此現在就要幫助他適應學校的生活，不能讓他發展為一個不良少年。學校是測試孩子的一個重要環境。此刻，他受到的訓練還不夠，也缺乏解決問題的社會意識，這也是他在學校碰壁的真正原因。對此，學校應該讓他重新鼓起勇氣。當然，學校也存在問題，班上學生太多，或者孩子的教師不太懂得如何激發他內心的勇氣。這是這件事的悲劇之處。如果男孩有幸遇到一位能給他勇氣的好老師，那麼他就得救了。

案例五

一個10歲女孩的案例。

「女孩在學習算術和拼寫時感覺很吃力，學校讓她到心理診所接受診治。」

算術對一個被溺愛的孩子來說通常比較難學。但這並不是所有被溺愛的孩子都學不好算數，這只是根據我們的經驗

得出的結論。

我們知道，左撇子的兒童在拼寫上感到吃力，因為他們已經養成了從右向左的閱讀習慣。他們可以做到正確地閱讀和拼寫，只是方向相反罷了。人們通常對這點不會在意。人們知道左撇子在閱讀和拼寫上有困難，但他們只是輕描淡寫地說左撇子在閱讀或者拼寫中常出差錯。因此，我們懷疑女孩是左撇子。但或許還有其他原因使她拼寫困難。如果她在紐約，我們還需要考慮她可能是其他國家的移民，對英語還不怎麼熟悉。如果女孩在歐洲，我們則不必有這種考慮。

「她以往生活的幾個關鍵之處：她家庭的大部分財產在德國喪失。」

我們不知道她們一家何時離開德國的。或許這個女孩擁有過富裕的生活，後來優渥的生活突然結束了。新處境對她來說就像一個測試，從中可以看出她是否接受過與人合作的訓練，是否能有社會情感，是否擁有足夠的勇氣，能否承受貧窮生活的重負。換句話說，她是否學會了在生活中與他人合作。就目前的情況來說，女孩是缺少與人合作的能力的。

「她在德國時的成績不錯，她8歲的時候離開德國。」

這是兩年前的事情。

「她現在功課不怎麼好，因為她拼寫感到吃力，另外，這裡教授算術的方式也跟德國不同。」

附錄 II　具體個案分析

老師不能總是照顧到學生的類似問題。

「她受到母親的溺愛，非常依賴母親，也同樣喜歡自己的父親。」

如果問孩子最喜歡的人是父親還是母親，他們一般都會回答「都喜歡」，這種回答是他們從別人那裡學來的。檢驗這個答案真實性的方法有很多。其中一個好辦法就是讓孩子坐在父母中間，當我們和他們的父母交談時，孩子會轉頭看著他更喜歡的人。同樣，如果父母都在一間屋子裡，孩子走進去之後也會去找自己最依賴的人。

「女孩有一些與自己同齡的女性朋友，但為數不多。她的最早回憶是，在 8 歲的時候她與父母在德國的鄉村居住，那時她經常在草地上與小狗玩耍，她們家還有一輛馬車。」

她對過去的富裕生活仍然記憶猶新。這與一位落魄的富人非常相似，總是回想他過去擁有的一切 —— 汽車、馬匹、傭人和漂亮房子等。我們可以判斷女孩對現在的生活並不滿意，這種情況我們完全可以理解。

「她會做關於聖誕節的美夢，夢到聖誕老人送給她的各種禮物。」

女孩的夢反映了她在現實中的願望。她總渴望得到更多，因為她感覺到已經被別人剝奪了很多，她想再次擁有她曾經擁有過的一切。

「她倚傍著母親。」

這是她喪失勇氣的表現。同時，這也可以說明她在學校遇到了困難。我們告訴她，雖然她比其他人遇到了更多的困難，但只要振作起來、努力讀書，她在課業上肯定會取得進步。

「她第二次來診所時是自己一個人，母親沒有陪她一起來。她已經在學業上取得了一些進步，而且她在家裡也可以獨立做好自己的事情。」

因為在這之前，我們建議她要爭取獨立，不能依賴母親，要學會自己處理自己的事情。

「她為父親做早餐。」

這是培養與人合作能力的一種表現。

「她感覺自己比以前更有勇氣了，她在這次會面中也表現得更加輕鬆自在。」

我們讓她下次跟母親一起來診所。

「後來，她和她母親來到了診所。這是她母親第一次到訪我們診所。她母親的工作一直都很忙，之前抽不出時間。據她母親反映，女孩不是他們親生的，在女孩兩歲那年被他們收養，但女孩對此毫不知情。在女孩出生後的頭兩年時間裡，她先後被轉送了六戶人家。」

附錄 II　具體個案分析

女孩的過去並不美好。女孩在她兩歲前似乎經歷了一番磨難。這孩子可能遭人唾棄，被人忽略，而現在她得到了養母的悉心照料。女孩想繼續保持現在這種良好的處境，因為她內心還無意識地保留著早年痛苦生活的印象。兩年的不幸遭遇給女孩留下了很深的印象。

「當養母收養女孩的時候，別人告訴她要對這個女孩嚴加管教，因為女孩的家庭出身不好。」

做出這一建議的人是受了遺傳論的影響。如果養母對她嚴格管教，但女孩最後還是成了問題兒童，這個人就會說：「你們看，我說的沒錯吧！」殊不知，他的這種看法對孩子成為問題兒童負有很大責任。

「女孩的生母還是個壞女人，這讓養母覺得肩負著很大的撫養任，她有時會體罰女孩。」

女孩的處境不如剛開始那樣美好了。很多時候她不再受到養母的寵愛，取而代之的是體罰。

「女孩的養父很寵愛她，他會滿足她的各種要求。女孩想要養母買東西給她時，她不會說『求您了』或『謝謝您』，而是說『妳不是我親生母親』。」

女孩要麼知道自己的身世，要麼就是碰巧說了這麼一句擊中要害的話。我們認識一個 20 歲的男孩，他覺得現在的母

親不是他的親生母親，但他的養父母都非常肯定沒有告訴過他。這只是男孩的一種感覺。孩子能從很小的細節上得出自己的祕密。雖然養母覺得女孩不知道收養的真相，但她可能有所察覺了。

「她這話是向養母說的，而不是養父。」

這是因為養父沒有給她攻擊自己的機會，因為他滿足了女孩的所有要求。

「養母不明白女孩為何在新學校裡會發生這樣的改變。現在，女孩的成績很差，她必須體罰她。」

不佳的成績已然讓可憐的女孩感到羞愧和自卑，回家後養母還要體罰她，這有些過分。對於女孩來說，無論是成績單還是母親的體罰，都是難以接受的。這一情況也值得教師反思。

「女孩說，有時候她會情緒失控，大發脾氣。她在學校情緒亢奮難耐，擾亂課堂秩序。她認為自己永遠是第一。」

這個獨生女被養父寵壞了，她習慣了別人對她百依百順。我們不難理解她獨占鰲頭的欲望。在過去，她有過優越富足的生活，而如今，她感覺自己的一切優勢都被剝奪了。所以，她會更加強烈地追求優越感。由於找不到合適的表達方式，她就大發脾氣，給他人製造麻煩。

附錄 II　具體個案分析

我們告訴她，必須學會與他人合作。情緒激動是想成為焦點，大發脾氣是為了吸引目光。因為養母對她的成績不滿意，她為了和養母慪氣，就在學校裡不好好讀書。

「她夢見聖誕老人送給她許多禮物。夢醒之後，卻發現什麼都沒有。」

她總想勾起擁有自己喜歡的一切，「醒來後發現一無所有」的這種情緒。我們要重視這種情緒中蘊藏的危險。如果我們在夢中擁有一切，醒來卻發現一無所有，我們肯定會感到失望。

夢中的情緒與白天的情緒互相吻合。換句話說，做這個夢的目的不是為了勾起那種擁有一切的滿足感，而在於最後的失落感。做這樣的夢就是為了體驗最後的失落感。憂鬱症患者會做各種美夢，醒來後發現一切都與夢境相反。我們現在明白為何女孩喜歡體驗失落了。在她看來，眼前的生活漆黑一團，看不到半點光明，她把一切責任都推到了母親頭上。她覺得自己一無所有，而養母什麼要求也不滿足她，「她還打我屁股，只有爸爸才會給我想要的東西。」

下面對這個案例做一下總結。女孩很想體驗失落，這樣一來，她就可以把所有問題的矛頭都指向自己的養母。她正在反抗養母。

想讓女孩停止這種反抗，我們必須要讓她意識到她在家裡、夢裡以及學校的這些不當行為如出一轍。她剛來美國不久，還不能熟練掌握英語，這是她養成錯誤生活風格的主要原因。

我們必須使她相信，這些困難都非常容易解決，而她卻把這些困難當作對付養母的工具。

同樣，我們也要說服養母不要再體罰女孩，這樣她就找不到任何反抗的理由。此外，我們必須要讓女孩意識到「我上課注意力不集中，經常失控亂發脾氣，都是在給媽媽製造麻煩」。如果能夠清楚地了解這一點，她自然會克服不良行為。如果意識不到自己在家裡、夢裡以及學校的表現背後的含義，要改變她的性格當然絕無可能。

這樣，我們就能明白個體心理學的目的了。它的目的就在於了解一個人怎樣運用他的印象和經驗，或者說，個體心理學就是要了解一個兒童的整套知覺系統——孩子據以指導自己的行為和對刺激做出回應的感知圖式；了解兒童如何看待某些刺激、如何對刺激做出反應，以及如何利用刺激實現自己的目標。

國家圖書館出版品預行編目資料

阿德勒兒童教育諮商室，找回低落的價值感：學習遲緩、行為退化、暴力傾向、社交障礙？自卑是成長的原動力，個體透過「補償作用」追求內心平衡 /[奧] 阿爾弗雷德・阿德勒（Alfred Adler）著，陳國興 譯 . -- 第一版 . -- 臺北市：樂律文化事業有限公司 , 2024.12
面； 公分
POD 版
譯自：The education of children
ISBN 978-626-7552-89-6(平裝)
1.CST: 兒童心理學 2.CST: 兒童發展 3.CST: 兒童教育
173.1　　　　　　　　　113017901

電子書購買

爽讀 APP

阿德勒兒童教育諮商室，找回低落的價值感：學習遲緩、行為退化、暴力傾向、社交障礙？自卑是成長的原動力，個體透過「補償作用」追求內心平衡

臉書

作　　　者：[奧] 阿爾弗雷德・阿德勒（Alfred Adler）
翻　　　譯：陳國興
責 任 編 輯：高惠娟
發　行　人：黃振庭
出　版　者：樂律文化事業有限公司
發　行　者：崧博出版事業有限公司
E - m a i l：sonbookservice@gmail.com
粉　絲　頁：https://www.facebook.com/sonbookss/
網　　　址：https://sonbook.net/
地　　　址：台北市中正區重慶南路一段 61 號 8 樓
8F., No.61, Sec. 1, Chongqing S. Rd., Zhongzheng Dist., Taipei City 100, Taiwan
電　　　話：(02) 2370-3310　　傳　　　真：(02) 2388-1990
律 師 顧 問：廣華律師事務所 張珮琦律師
定　　　價：375 元
發 行 日 期：2024 年 12 月第一版
◎本書以 POD 印製
Design Assets from Freepik.com